JN334545

愛犬のあったかウェア&小物を手編みで
# イヌのための毎日ニット

俵森朋子
文化出版局

CONTENTS

| | PAGE | | | PAGE | |
|---|---|---|---|---|---|
| A | 6 | 小さな編込みのセーター&スヌード | J | 20 | ミックスボーダーのセーター |
| B | 8 | 木の実のアランのセーター | K | 21 | しましまモヘアのセーター |
| C | 9 | 動物フェアアイル風セーター | L | 22 | アランのセーター&マフラー |
| D | 10 | ふとふとボーダーのベスト&マット | M | 24 | ロピー風の編込みセーター |
| E | 12 | フラッグパターンのセーター | N | 26 | もこもこニットのセーター |
| F | 13 | スカルパターンのセーター | O | 27 | 刺繍のセーター |
| G | 14 | 北欧風の編込みセーター&ネックウォーマー | P | 28 | ポンポンニットのセーター&スヌード |
| H | 16 | ケーブルのセーター&腹巻き | | 32 | KNITTING FILE |
| I | 17 | ケーブルのポンチョ | | 33 | 編み始める前に |
| | | | | 36 | 作品の編み方 |
| | | | | 78 | 実物大図案・基本テクニック |

イヌにセーター。
そもそも毛皮を着ているのに、とよくいわれます。でもいいのです。
イヌと人はともに暮らすようになって約一万年。
一緒に楽しめるのなら、お互いがハッピーな気持ちになれるのなら、
そしてイヌにとってケアになるのなら、
人のエゴにならない程度に、イヌにセーターを着せて、
楽しんでもよいのではないかと思っています。

ひと針ひと針編みつなぐ手編みのセーター。
そこには、間違いなく「愛」があふれます。
何よりうれしいのは、ぴったりサイズに編み上がること。
ほつれたり、かんでしまったら、何度でも補修してあげられること。
ぜひ愛着の一枚を編んであげてください。

特別な日のためのセーターというより、何気ない毎日のセーターとして、
シンプルな形をベースに、配色やモチーフ、糸などで、
あれこれ楽しんでいただけるとうれしいです。
一年ごとに一枚ずつ。今年はこの色、来年はこのデザインと、
イヌたちのセーター作りに、長く役立つ一冊になると幸いです。

毎日着ていると、あっという間にヨレヨレになってしまいます。
そうしたら、お気に入りの糸を見つけて、
また新しいセーターを編んであげてくださいね。

俵森朋子

# KNITTING FOR DOGS

a

# A
SWEATER & SNOOD

PAGE
36~38

**小さな編込みのセーター&スヌード**

伝統柄風の幾何学模様の連続パターンは、色と色の組合せが楽しい。
キャメルの毛色には相性のいいからし色やグリーン、ターコイズで
ちょっとシックに。カラフルな配色にすると、全く表情が変わります。

b

# B
SWEATER

**木の実のアランのセーター**

PAGE 42-43

木の実のようなポップルがぼっこりと並んで、
なんともかわいらしいアラン。
ベージュはフル丈、オレンジは8分丈で編みました。
娘がいたらこんな模様のカーディガンを着せたいな、
と思う優しいニットです。

a

b

## 動物フェアアイル風セーター

トラディショナルなフェアアイル風に動物モチーフを編みました。
陽気なジャックラッセル・テリアには、
こんなキュートなモチーフがとても似合います。
甘くなりすぎないように、色数を絞って
シンプルにまとめました。

PAGE 39-41

# C
SWEATER

ペンギン

あらいぐま

10

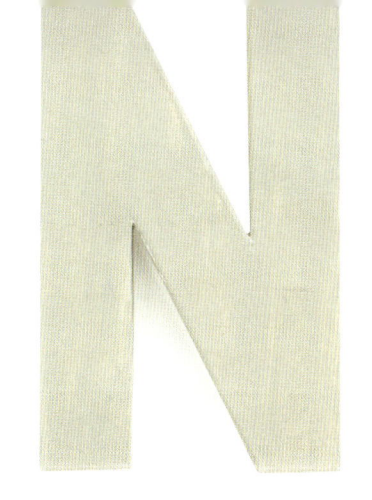

## D
VEST & MAT

### ふとふとボーダーのベスト & マット

極太の糸でザクザク編んでいくだけのベスト。
大型犬にはこれぐらい大らかな編み地のセーターをざっくり着こなしてほしい。
フル丈だとおしりがめくれてしまうので、大型犬には短めの丈がおすすめです。
床やソファなど、お気に入りの場所には、
おそろいのボーダー柄のマットを敷いてあげて。

PAGE 44-46

UK　　E SWEATER　　USA

PAGE 47-49

### フラッグパターンのセーター

イングリッシュ・コッカースパニエルにはUKの国旗柄、
アメリカン・コッカースパニエルにはUSAの国旗柄。
はまりすぎですが、絶対に似合うはず。ベースの色はどんな色でもOKです。
衿と裾は模様編みで少しだけトラディショナルに。
柴犬には日本の国旗セーターもいいかも。

F
SWEATER

a

b

PAGE
50-51

**スカルパターンのセーター**

フレンチブルドッグには、キャラ的にしっくりくる
スカルのワンポイント。
背中のほぼ中央に柄がくるように配置すれば、
あとはメリヤス編みで仕上げるだけ。
衿先にフリンジをつけたら、やっぱり似合います。

# G

SWEATER & NECKWARMER

PAGE 52-54

## 北欧風の編込みセーター & ネックウォーマー

北欧の編込み模様は、黒×白、茶×白など模様が
はっきり表現できるメリハリのある色選びがおすすめです。
自然をテーマにした花と葉っぱのモチーフは、
コントラストが強い配色でも優しい雰囲気に仕上がります。

花

葉っぱ

15

# H
SWEATER & HARAMAKI

**ケーブルのセーター&腹巻き**

細い糸でシンプルに編むケーブルのニットは、
柔らかい着心地とフィット感が魅力。
太いリブ状になるので、腹巻きにもぴったりです。
どんな犬種でも、性別に関係なく
合わせやすいタイプです。
お好きな色で編んであげてください。

PAGE 58-59

# I
## PONCHO

PAGE 60-61

### ケーブルのポンチョ

老犬や体温調節がうまくできないイヌへの
ケア用として、また首や足を通すのが
苦手なイヌのためのニット。
色を染めていない、原毛そのものの
優しい糸で編みました。
編み地をおなかに当てると金太郎さんの腹巻き風、
背中にはおるとポンチョに。
ケアしたい部分に着せてあげましょう。

## 🐾 おなか部分の丈
### オスとメスでは、おしっこの位置が違います。

オスはおしっこがかからないように短めの丈。
メスは保温性重視で長めの丈にすることが基本ですが、
活発なメスは丈を短めに。

## 🐾 背中の丈
### 飼い主さんの好みによることが多いようです。

おしりまでかぶっているデザインが好き、
7分くらいの丈でキュッとフィットしているほうがかわいいなど、
好みに合った長さで仕上げてください。

# POINT TO KNITTING

イヌほど個体差が大きくて、個性豊かな動物はいないと思います。
1kg強の小さなチワワから80kgを越える山岳犬まで、とにかく個性豊か。
今回は、種類も性格もサイズも違う、たくさんのイヌたちに
セーターを着てもらいました。ご紹介している作品はデザイン例です。
どのセーターもアレンジしやすいデザインですから、
それぞれの体型やスタイルに合わせて、ボーダーの幅や配色を変えるなど、
サイズを調整して、ぴったりサイズの手編みセーターを編んでみてください。
サイズ調整とデザインアレンジの際のポイントをご紹介します。

## 🐾 衿の高さ
### 首輪を使用しているイヌには、
### 必ずリード穴を作ります。

首が長いイヌや寒がりなイヌには、
折り返してダブルになる深めのタートルネック。
首が短いイヌや活発なイヌには、
衿の高さを浅めにして、折り返しがない
シングルの衿（ハイネック）にするとよいでしょう。

### 袖
**縁編みや袖はつけなくても大丈夫です。**

ほとんどのセーターはゴム編だけの短い縁編みつきで、
イヌに着せると小さな袖のように見えます。
色を変えたり、メリヤス編みを長く編んだ長袖（p.20）、
袖口に編込み模様を入れた半袖（p.24）など、
デザインポイントとしてアレンジが楽しめます。
ただ、袖が苦手なイヌの場合は、
袖をつけなくてもよいと思います。

### 形
**性格や年齢によって、
デザインにも工夫をします。**

首からセーターを着るのが苦手なイヌ、
立つことが不自由なイヌや老犬には、足だけを
通せば着ることができるポンチョ（p.17）がおすすめ。
おなかケアと背中ケアの両用に使えるデザインです。
腹巻き（p.16）やネックウォーマー（p.14）だけでも、
保温性は充分。まっすぐ筒状に編むだけなので、
編むのもラクチンです。

### 配色
**バリエーション豊かなイヌの毛色にマッチした色で遊びます。**

毛色はもちろん、毛の長さ、ボリューム、混色や模様入りなど、
イヌの毛色は多くの種類があって、それぞれに似合う色も異なります。
たくさんの糸の中から、「うちの子の BEST COLOR」をぜひ見つけてあげてください。

# LOVE TO DOGS

日本にはセーターどころか、日々冷たく堅い床で命を絶たれるイヌがたくさんいます。
そんなイヌたちが一匹でも多く、温かい家庭に迎えられるように……、
セーターを編んでもらえるイヌがもっともっと増えてほしいと思います。
家族としてイヌを迎えることになったら、「何があっても捨てない、手放さない、
最後まで看取る」覚悟で迎えてあげてほしいのです。
温かい家庭を待っているイヌたちが、日本中にたくさんいることを頭の片隅に。
そして、無駄に命を絶たれるイヌたちがいなくなる日がくることを願っています。

## J

SWEATER

a 長袖

b 半袖

PAGE 55-57

**ミックスボーダーのセーター**

ニュアンスのあるグレーやブラウンなど、
スモーキーな毛色のイヌに着てほしいボーダー柄。
スモーキーな毛色には、いろいろな中間色を組み合わせて、
毛糸と毛色がふんわりまとまるとすてきだなと思います。
微妙な毛色の子はぜひチャレンジを。

# K
SWEATER

**しましまモヘアのセーター**

プレーンな糸とふわふわモヘアで編んだボーダーは、
マテリアルの違いで編み地に凸凹の立体感が出るのがポイント。
ダックスフントの長い背中を、
リズム感のあるボーダーがかわいく包みます。
いろんな色合せを楽しんで。

PAGE 62-64

a

b

# L
### SWEATER & MUFFLER

**アランのセーター＆マフラー**

贅沢なカシミアのアランセーターは、
英国紳士のようにきちんと着こなして。
スタンドカラーのボタンをとめると、
ボタンがワンポイントに。
外すとボタンが隠れて、衿が開きます。
ベア柄のマフラーは、
アクセサリー感覚で楽しんで。

PAGE
51,68-69

a

b

23

# M
SWEATER

PAGE 65-67

**ロピー風の編込みセーター**

懐かしい丸ヨークのセーターを思い起こす編込み柄。
大人かわいい配色とはっきりした模様で、元気がわいてきます。
くもり空が続いたら、こんなセーターでお散歩に出かけたい。
袖の形は半袖、袖なしお好みで。

a
半袖

b
袖なし

25

● ボーン

# N
SWEATER

● スター

## もこもこニットのセーター

くるくるふわふわの軽い編み地の中に、
プレーンな糸で埋もれるようにワンポイントを編み込みました。
ロングピッチのかすり染めの糸は、
編みながら自然に現われるボーダー柄が楽しい。
色合せによって、ポイント柄の印象も変わります。

PAGE 70-72

**PAGE 73-75**

## 刺繡のセーター

繊細なモヘアを 3 本引きそろえて編んだ薄手の編み地に、
ノスタルジックな花の刺繡を施しました。
衿もとだけにさり気なく刺繡したセーターは
控えめでおしとやかなお嬢さま。シックな色づかいの
デイジーを一面に散らしたセーターは、
大人っぽいお姉さまのイメージで。

○ SWEATER

デイジー

プランツ

27

# P

SWEATER & SNOOD

### ポンポンニットのセーター＆スヌード

キャンディを思わせるような、カラフルなポンポンつきのポップでかわいい糸は、
シンプルにメリヤス編みをするだけでキュートなニットが編み上がります。
衿や裾部分は、ストレッチヤーンのゴム編みでフィット感のある仕上りに。

PAGE 76-77

b

29

# DOG'S PROFILE

優しい飼い主さんと出会って、幸せに暮らす
たくさんのイヌたちがニットをすてきに着こなしてくれました。
ご協力ほんとうにありがとうございました。

🐾 ムック
11歳 オス 体重 7kg
ノーフォーク・テリア
p.6

🐾 フー
1歳 オス 体重 4kg
トイプードル
p.7

🐾 こはる　　風夏
10歳 メス　　6歳 メス
体重 5.4kg　体重 4.6kg
ジャックラッセル・テリア
p.8

🐾 Rufus　　Marvin
（ルーファス）　（マービン）
5歳 メス 体重 6kg　11歳 メス 体重 8kg
ジャックラッセル・テリア
p.9

🐾 NOIR（ノア）　　🐾 BEAR（ベア）
2歳 オス 体重 26kg　2歳 オス 体重 35kg
ミックス　　　　　　ラブラドール・レトリーバー
p.10-11

🐾 トッティ
10歳 オス 体重 17kg
イングリッシュ・コッカースパニエル
p.12

🐾 寅次郎
11歳 オス 体重 12.6kg
アメリカン・コッカースパニエル
p.12

🐾 海
4歳 オス 体重 11kg
フレンチ・ブルドッグ
p.13

🐾 昌夫
1歳 オス 体重 10kg
フレンチ・ブルドッグ
p.13

🐾 cobo（コボ）　　Najya（ナジャ）
7歳 メス 体重 6.5kg　11歳 メス 体重 7kg
ウェルシュ・テリア　　ミニチュア・シュナウザー
p.25　　　　　　　　p.14

🐾 くるみ
8歳 メス 体重 6.4kg
キャバリア・キング・
チャールズ・スパニエル
p.15

30

❧ センパイ
8歳 メス 体重 6.8kg
豆柴

p.16

❧ みいこ
8歳(推定) メス 体重 10kg
ミックス

p.17

❧ SENNa (セナ)
1歳 オス 体重 7.4kg
イタリアン・グレーハウンド

p.20

❧ マリン
4歳 オス 体重 3kg
スムースコート・チワワ

p.20

❧ アキーム    ❧ コニファ
14歳 オス 体重 4.3kg    12歳 オス 体重 4.5kg
ミニチュア・ダックスフント

p.21

❧ Richard (リチャード)
12歳 オス 体重 7.9kg
ミニチュア・シュナウザー

p.22

❧ KENT (ケント)
4歳 オス 体重 7.5kg
ミニチュア・シュナウザー

p.23

❧ ぼろたん
13歳 オス 体重 9kg
ワイヤーフォックス・テリア

p.24

❧ コロ
8歳 オス 体重 7.5kg
ミックス

p.26

❧ リンダ
6歳 メス 体重 16kg
ミックス

p.26

❧ わかめ
5歳 メス 体重 3.1kg
トイプードル

p.27

❧ ソフィア
5歳 メス 体重 5kg
レイクランド・テリア

p.27

❧ バジル
7歳 メス 体重 2.3kg
ヨークシャー・テリア

p.28

❧ こなつ
9歳 メス 体重 5.7kg
パピヨン

p.29

31

# KNITTING FILE

イヌのサイズを下表に書き込み、割り出したサイズ、目数や段数を製図内に記入しましょう。
使用糸や犬の情報などをメモして、オリジナルの編み物ファイルとしてお使いください。

## 🐾 製図

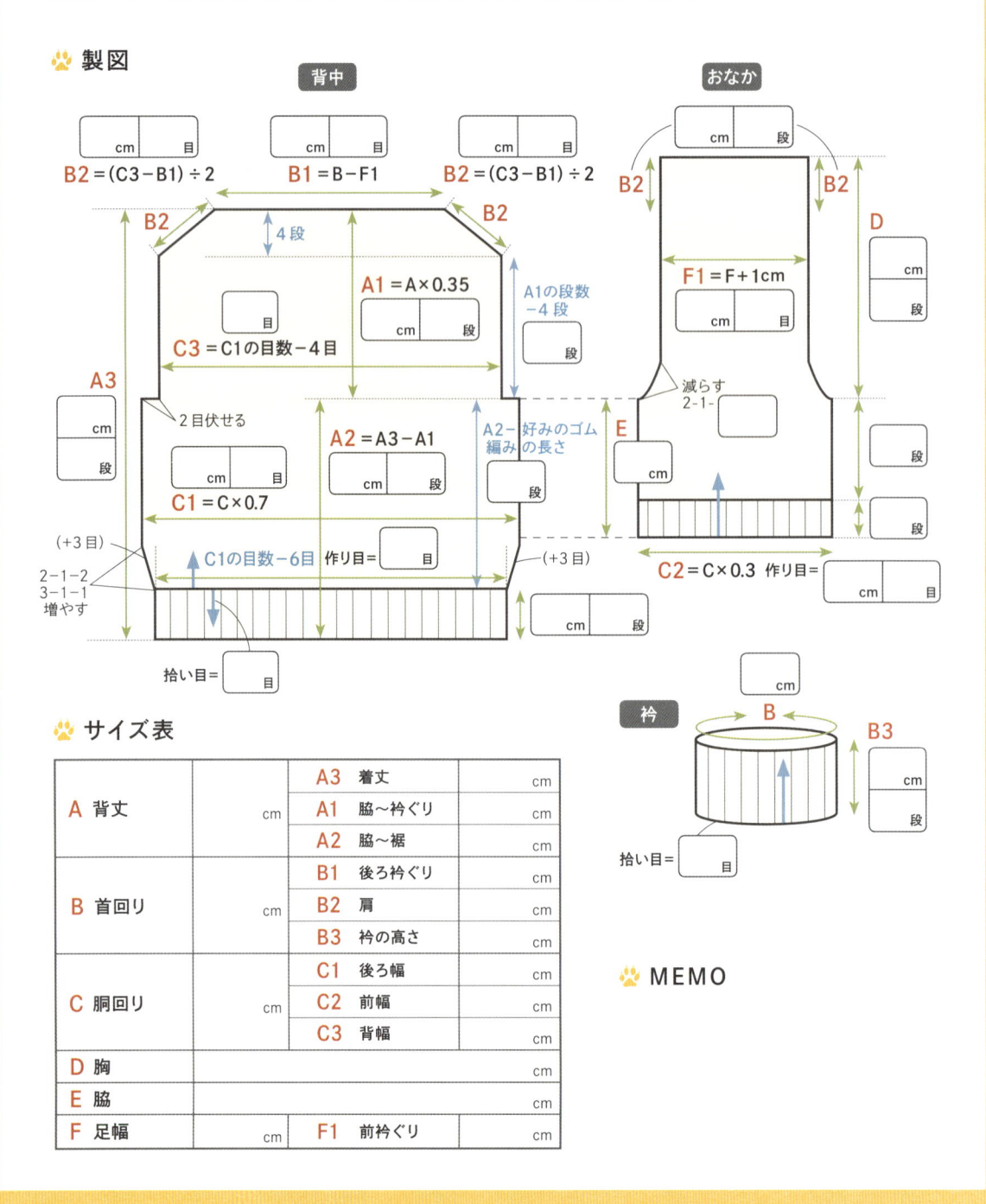

**背中**

- $B2 = (C3 - B1) \div 2$
- $B1 = B - F1$
- $B2 = (C3 - B1) \div 2$
- 4段
- $A1 = A \times 0.35$
- A1の段数 −4段
- $C3 = C1の目数 − 4目$
- 2目伏せる
- $A2 = A3 - A1$
- A2−好みのゴム編みの長さ
- $C1 = C \times 0.7$
- C1の目数 − 6目　作り目＝
- (+3目)
- 2-1-2
- 3-1-1
- 増やす
- 拾い目＝

**おなか**

- $F1 = F + 1cm$
- 減らす 2-1-
- $C2 = C \times 0.3$　作り目＝

**衿**

- B
- B3
- 拾い目＝

## 🐾 サイズ表

| A 背丈 | cm | A3 着丈 | cm |
|---|---|---|---|
| | | A1 脇〜衿ぐり | cm |
| | | A2 脇〜裾 | cm |
| B 首回り | cm | B1 後ろ衿ぐり | cm |
| | | B2 肩 | cm |
| | | B3 衿の高さ | cm |
| C 胴回り | cm | C1 後ろ幅 | cm |
| | | C2 前幅 | cm |
| | | C3 背幅 | cm |
| D 胸 | | | cm |
| E 脇 | | | cm |
| F 足幅 | cm | F1 前衿ぐり | cm |

## 🐾 MEMO

# HOW TO KNITTING

## 😺 編み始める前に

セーターを編み始める前に、採寸して製図を起こします。
手軽に目数や段数を割り出す方法をご紹介しますので、参考にしてください。
ぴったりフィットしたセーターは、防寒着としての機能性が高まるだけでなく、
イヌにとっての着心地もアップ。ぜひイヌのサイズに合わせて、編んであげてください。

## 😺 サイズのはかり方

背丈（A）、首回り（B）、胴回り（C）、胸（D）、
脇（E）、足幅（F）の6か所のサイズをはかります。

| A | 背丈 | 首のつけ根からしっぽのつけ根までの長さ。この長さを基本に、好みの着丈を決める。 |
| B | 首回り | 首輪をつける位置をはかる。 |
| C | 胴回り | 前足のつけ根を1周したサイズ。胴のいちばん太い部分。 |
| D | 胸 | 首輪から前足のつけ根部分までの長さ（胸の内側）。 |
| E | 脇 | 前足のつけ根の後ろから好みの長さ。カバーしたいおなか部分の長さ。 |
| F | 足幅 | 立っているときの、前足と前足の幅。 |

＊ポンチョ（p.60）は、以下の2か所のサイズもはかる。
C'＝胴のいちばん細い部分の長さ
D'＝首から前足のつけ根までの外側の長さ

## 😺 目数・段数の出し方

サイズをはかったら、著者が考えた黄金比をもとにサイズを算出します。
次に、バランスよく編み上げるために、ゲージをはかり、目数と段数を割り出します。

| A3 | 着丈 | → A×○ ＊フル丈＝背丈：着丈、7分丈＝A×0.7、8分丈＝A×0.8、9分丈＝A×0.9を目安に、好みの丈に。 |
| A1 | 脇～衿ぐり | → A×0.35 |
| A2 | 脇～裾 | → A3－A1 ＊裾のゴム編みは好みの長さに。背中を編み上げたあと、着丈のサイズ調整をしながら編んでもよい。 |
| B1 | 後ろ衿ぐり | → B－F1 |
| B2 | 肩 | → (C3－B1)÷2 （肩下りの算出方法は次ページ） |
| B3 | 衿の高さ | → 好みの高さにする ＊首の長い子にはタートルネック、短い子にはハイネック。寒がり、暑がりなどに合わせて調整を。 |
| C1 | 後ろ幅 | → C×0.7（×0.75＝背中の細い犬種★） ＊編始めから、両サイドを1目ずつ3回増やしてC1の幅にする。＊ベスト丈の場合は、裾＝C1にする。 |
| C2 | 前幅 | → C×0.3（×0.25＝背中の細い犬種★） ＊おなかの脇の減し目は、C2の長さがF1の長さになるまで、両サイドを2段に1目ずつ均等に減らす。 |
| C3 | 背幅 | → C1の目数－4目 ＊両サイドを2目ずつ伏せる。 |
| D | 胸 | ＊胸は個体差が大きいので、サイズをきちんとはかることが大切。 |
| E | 脇 | ＊男の子はおしっこのかからない位置、女の子は好みの長さにする。＊裾のゴム編みは、背中のゴム編みの半分から⅔ぐらいの長さを目安に好みの長さにする。 |
| F1 | 前衿ぐり | → F＋1cm |

★＝イタリアン・グレーハウンド、ウィペット、ボルゾイなど

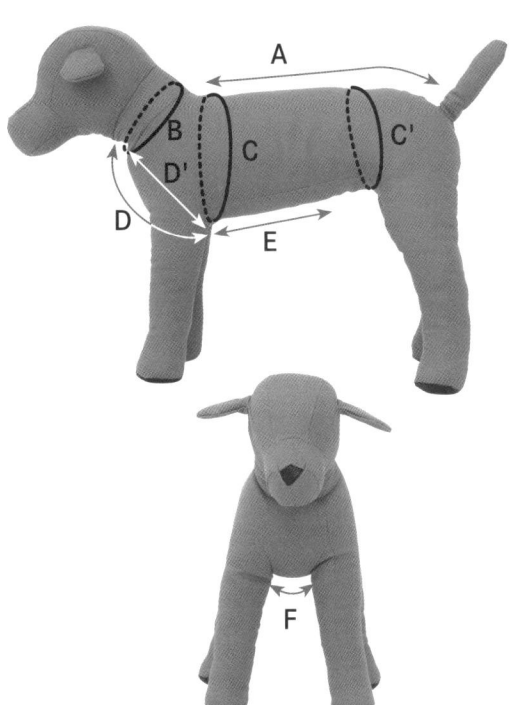

## ゲージについて

10cm四方の編み地の目数と段数をもとにした、編み目の大きさがゲージです。
編み手によってゲージは変わるため、試し編みをしてゲージをはかります。
このゲージが、目数・段数計算の基準になります。
作品と同じ糸と針で約15cm四方の大きさの編み地を編み、
編み地の中央の10cm四方の部分の目数と段数を数えると、ゲージをはかることができます。
作り方ページの参考ゲージと比べて、目数や段数が少ない場合は編み目がゆるく、
多い場合は編み目がきついということ。
手加減しながら編むか、使用する針の太さを±1号替えて、参考ゲージに近づけるようにします。

## 肩下りの算出方法

肩先から衿ぐりまでの傾斜は、すべての作品が4段になっています。
4段で肩線がきれいに傾斜するように、引返し編みで編みます。
この引返し編みをどの位置でするのかは、以下の方法を参考に算出してください。

＊肩先から衿ぐりまでの目数を3等分して
　例のように目数を割り振り、2回の引返し編みの目数と段数を決めます。
　目数の少ない分を衿ぐり側に残し、2段ごとに引返し編みをします。

〈例〉
・15目の場合＝5＋5＋5＝2−5−2（5目）　5目編み残し、2段ごとに5目めで2回引返し編み
・14目の場合＝5＋5＋4＝2−5−1、2−4−1（5目）　5目編み残し、2段めの5目めで1回、次の2段めの4目めで1回引返し編み
・13目の場合＝5＋4＋4＝2−4−2（5目）　5目編み残し、2段ごとに4目めで2回引返し編み

＊割り切れない場合
　肩先から編み残す目 ＞ 2段め ＞ 4段めになるように目数を振り分けて、引返し編みの目数と段数を決めてください。
＊イヌと人では体型が異なるため、一般的な方法とは異なります。

## 作品のサイズと調整

基本形はすっぽりかぶって着るタートルネックのセーターです。
作品をヒントに、色や編み地、着丈、衿や袖の形などをアレンジするだけで、
デザインのバリエーションは広がります。
掲載作品のサイズはモデル犬のサイズに合わせています。
作品ごとにモデル犬のサイズを記載していますので、参照してください。
イヌは同じ犬種でも個体差が大きく、体格がモデル犬に近くても、
編み手の手加減で編上りサイズがかなり変わってしまう場合があります。
ゲージや製図のひと手間をかけてサイズを調整することが、かわいいセーターを編み上げるポイントです。

## リード用穴について

首輪で散歩をするイヌには、
リード用の穴を作ることをおすすめします。
リード用穴は、背中と衿の中央首側に
伏せ目と巻き目で作ります（p.80参照）。
小型〜中型犬が2〜3目、大型犬は4〜5目を目安に、
使用するリード幅に合わせて穴の幅を調整してください。
ハーネスを使用している場合は不要です。

## 🐾 サイズと製図

しましまモヘアのセーター（p.21、p.62）の製図を例に、
サイズと製図の見方を覚えましょう。
モデル犬コニファのA〜Fのサイズは下のとおり。
サイズをもとに割り出した製図が、下の図になります。

| A | 背丈 | 42cm |
|---|---|---|
| B | 首回り | 24.5cm |
| C | 胴回り | 42.5cm |
| D | 胸 | 18.5cm |
| E | 脇 | 12cm |
| F | 足幅 | 7cm |

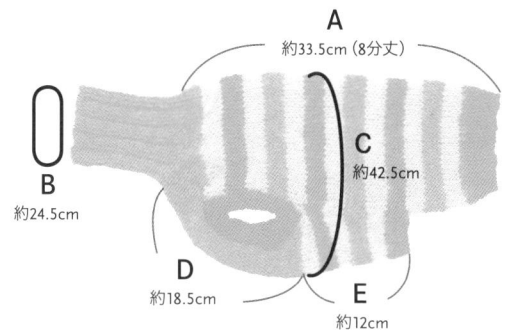

A 約33.5cm（8分丈）
B 約24.5cm
C 約42.5cm
D 約18.5cm
E 約12cm
F 約8cm 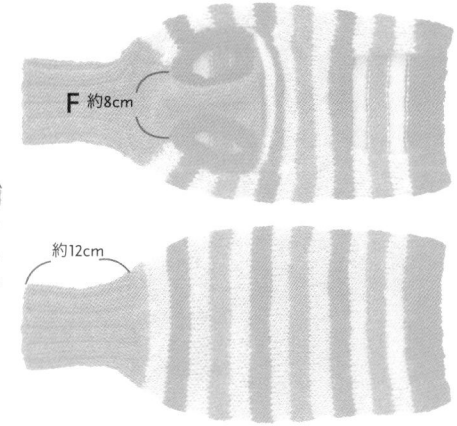
約12cm

## 🐾 製図の見方

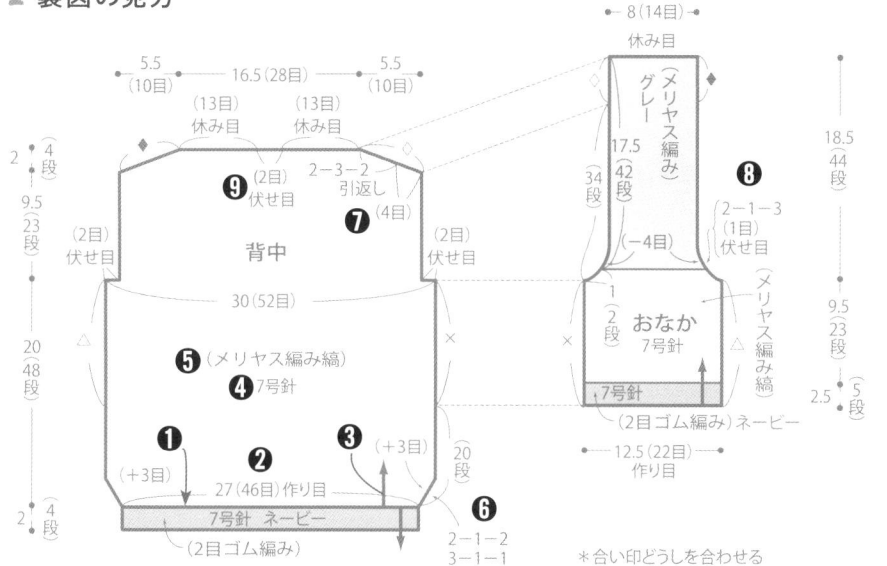

❶ 編み始めの位置
❷ サイズ（cm）
❸ 編み進める方向
❹ 使用する針
❺ 編み地
❻ 裾の増し方→3段目で1目を1回、
　2段ごとに1目を2回増やす
❼ 肩の引返し編み→4目を残し、
　2段ごとに3目めで2回引返し編み
❽ 袖ぐりの減し方→1目伏せ目、
　2段ごとに1目を3回減らす
❾ リード用穴の位置

＊合い印どうしを合わせる
×・△＝すくいとじ
◇・◆＝目と段のはぎ

## 🐾 編み方手順

[下準備]＊着丈は編みながら調整しても大丈夫
1　各サイズを採寸して、必要箇所の長さを算出する。
2　ゲージをはかり、目数、段数を算出する。

[背中]＊2、3はサイズ、ゲージに関係なく共通
1　別糸の鎖編みの作り目から拾い目をして編み始める。
2　両サイドを3目ずつ増やす。
3　A2の長さになったら（ゴム編み部分は除く）、
　両サイドを2目伏せ目する。
4　A1の最後の4段分を残すところまで編んだら、
　両肩B2を編み、目を休ませる。
5　裾のゴム編みを編み、好みの丈にする。

[おなか]
1　C2から作り目をして編み始める。
2　Eの長さまで編んだら、両サイドを2段に1目ずつ減し目しながら、
　F1の幅になるまで編む。
3　Dの長さになったら糸を休ませる。

[仕上げ]
1　背中とおなかをはぎ合わせる。Eどうし、B2どうしをはぎ合わせる。
2　衿を編む。休ませていたB1とF1から目を拾い、輪編みで好みの高さまで編む。
　背中の中心に、伏せ目と巻き目でリード用穴を作る。
3　好みの形の袖を編む。
　＊袖ぐりを少し締めたい場合は、拾い目をしてゴム編み。
　＊半袖、長袖は1段ごとに1目ずつ減らしながら好みの長さまで編み、
　袖口にゴム編み。

# A PAGE 7 小さな編込みのセーター（b）&スヌード

- **編み糸**　リッチモア　パーセント
  セーター＝からし色（14）50g、ベージュ（120）30g、水色（23）、
  オレンジ（86）各15g
  スヌード＝緑青（34）15g、ベージュ（120）10g、
  グレー（93）・赤紫（60）各5g
- **用具**　6号棒針（2本、4本）
- **ゲージ**　編込み模様22目24段、メリヤス編み20目24段が10cm四方
- **サイズ**　スヌード＝首回り29cm、丈30cm

### 編み方ポイント
**［セーター］**
背中は別鎖の作り目をして拾い目し、編始めから7段の間に両脇で各3目増し目をする。袖ぐりは伏せ目、両肩は引返し編みをする。首の中央の3目を伏止めにし、両サイドの目は休み目にする。裾は別鎖をほどきながら拾い目し、2目ゴム編みを編む。編終りは2目ゴム編み止めにする。
おなかは別鎖の作り目をして拾い目し、図のように編込み模様Bとメリヤス編みを編む。背中とおなかの脇はすくいとじ、肩は目と段のはぎで合わせる。
衿は背中の中心の伏止め部分で針に巻き増し目を3目して全体で52目拾い目し2目ゴム編みを4本針で輪編みにする。編終りは2目ゴム編み止めにする。
袖口は拾い目して4本針で輪編みにする。編終りは2目ゴム編み止めにする。

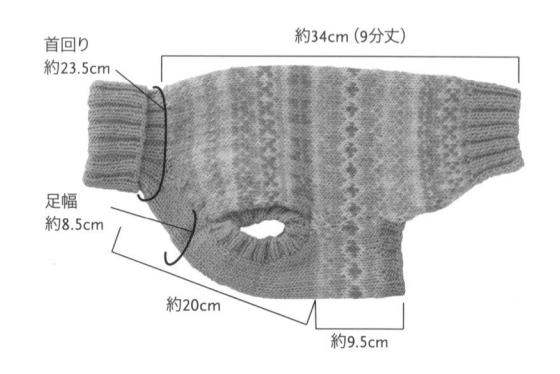

首回り　約23.5cm
約34cm（9分丈）
足幅　約8.5cm
約20cm
約9.5cm

### 🐾 モデル犬のサイズ
A背丈＝38cm、B首回り＝23.5cm、C胴回り＝44cm、D胸＝20cm、
E脇＝9.5cm、F足幅＝7.5cm

**サイズ調整のポイント**
＊背中の模様は必要な着丈に合わせて繰り返す。
＊おなかの模様は脇のはぎ部分の模様で合わせる。
＊背中、おなかの幅は模様の中心から左右等分に増減する。

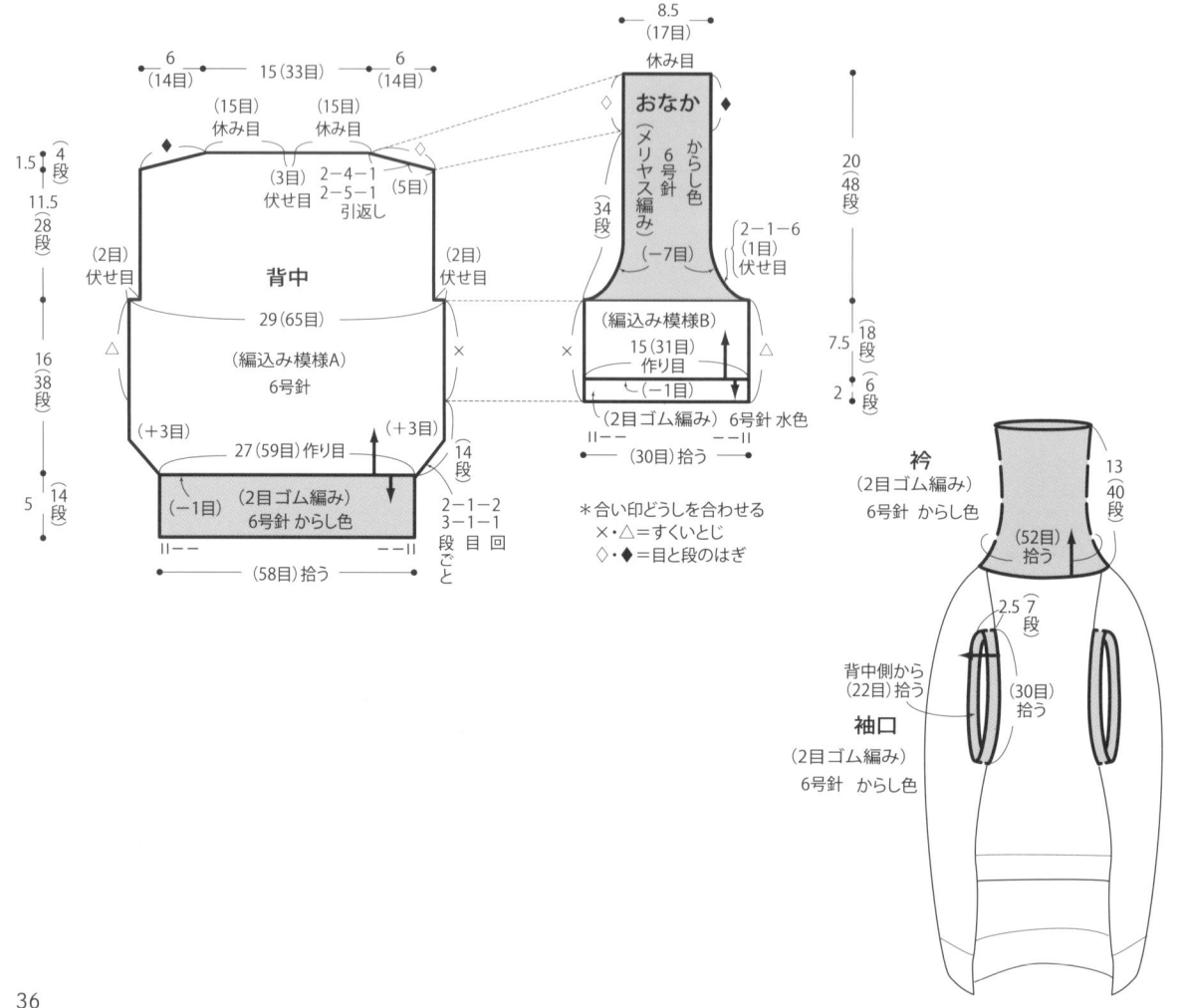

*合い印どうしを合わせる
×・△＝すくいとじ
◇・◆＝目と段のはぎ

[スヌード]
別鎖の作り目をして拾い目し、編込み模様Aを輪に編む。続けて緑青で2目ゴム編みを編み、編終りは2目ゴム編み止めにする。別鎖をほどきながら拾い目し、緑青で2目ゴム編みを編む。3段めにリード用穴をあける。編終りは2目ゴム編み止めにする。

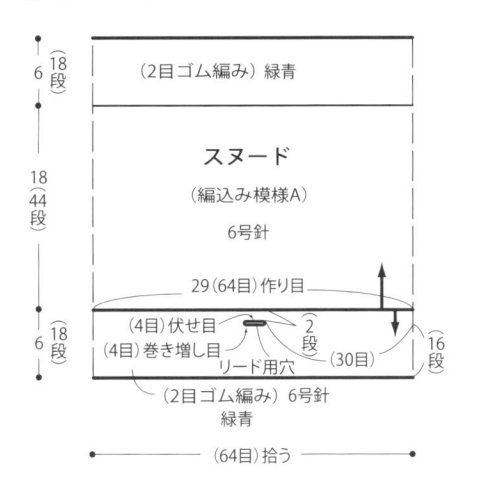

（b おなか）

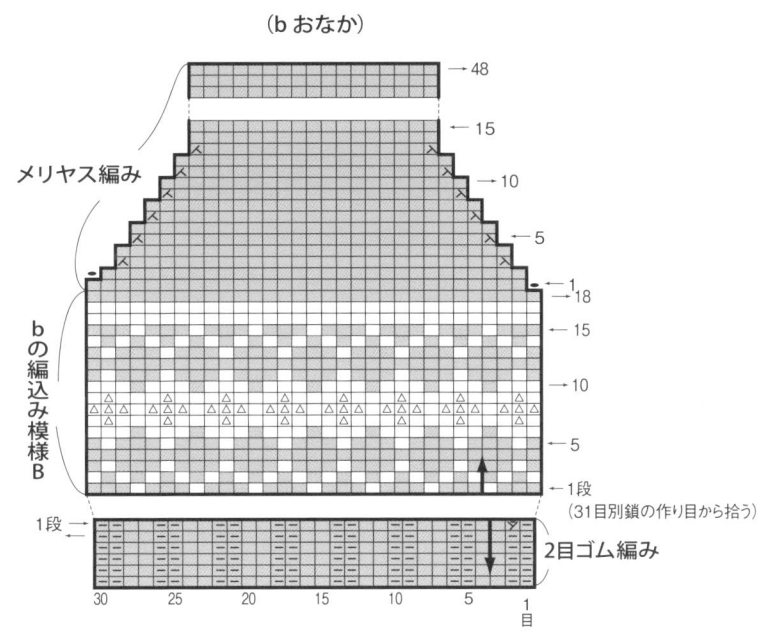

メリヤス編み

bの編込み模様B

2目ゴム編み

6（18段）
（2目ゴム編み）緑青

スヌード
（編込み模様A）
6号針

18（44段）

29（64目）作り目
（4目）伏せ目　2段
（4目）巻き増し目　（30目）　16段
リード用穴

6（18段）
（2目ゴム編み）6号針
緑青

（64目）拾う

→48
←15
←10
←5
←1
←18
←15
←10
←5
←1段
（31目別鎖の作り目から拾う）
1段→

編込み模様A（背中、スヌード）

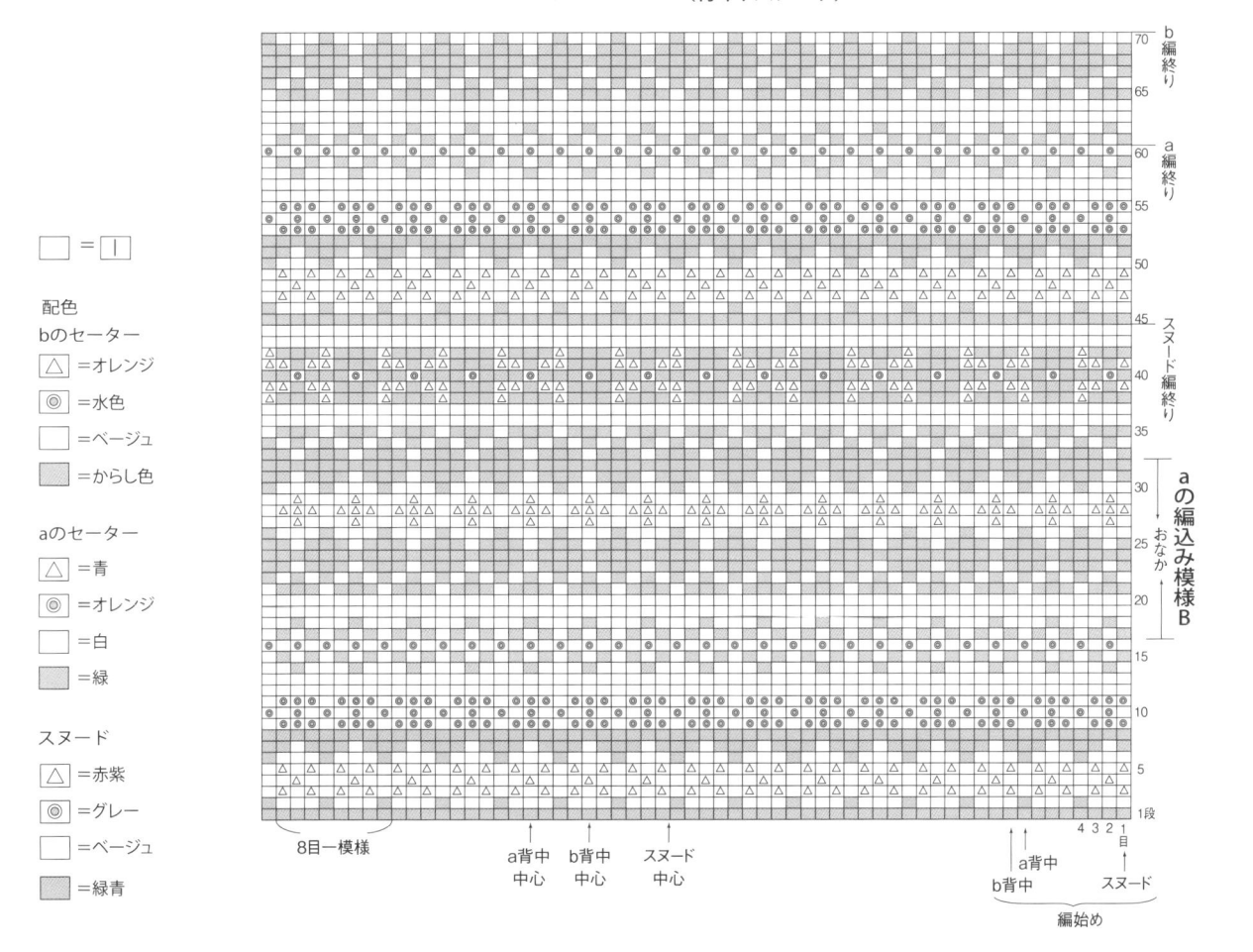

□ = |

配色
bのセーター
△ = オレンジ
◎ = 水色
□ = ベージュ
■ = からし色

aのセーター
△ = 青
◎ = オレンジ
□ = 白
■ = 緑

スヌード
△ = 赤紫
◎ = グレー
□ = ベージュ
■ = 緑青

8目一模様

a背中中心　b背中中心　スヌード中心

b編終り
a編終り
スヌード編終り

aの編込み模様B
おなか

4 3 2 1 目
a背中
b背中
スヌード
編始め

37

# A PAGE 6 小さな編込みのセーター (a)

- **編み糸** リッチモア　パーセント
  緑 (33) 50g、白 (1) 30g、オレンジ (86)・青 (49) 各15g
- **用具** 6号棒針 (2本、4本)
- **ゲージ** 編込み模様22目24段、メリヤス編み20目24段が10cm四方

### ・編み方ポイント

背中は別鎖の作り目をして拾い目し、編始めから7段の間に両脇で各3目増し目をする。袖ぐりは伏せ目、両肩は引返し編みをする。首の中央の3目を伏止めにし、両サイドの目は休み目にする。裾は別鎖をほどきながら拾い目し、2目ゴム編みを編む。編終りは2目ゴム編み止めにする。

おなかは別鎖の作り目をして拾い目し、図のように編込み模様Bとメリヤス編みを編む。背中とおなかの脇はすくいとじ、肩は目と段のはぎで合わせる。衿は背中の中心の伏止め部分で針に巻き増し目を3目して全体で68目拾い目し2目ゴム編みを4本針で輪編みにする。編終りは2目ゴム編み止めにする。袖口は拾い目して4本針で輪編みにする。編終りは2目ゴム編み止めにする。

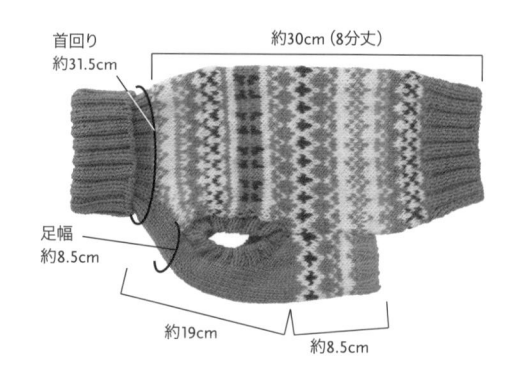

### モデル犬のサイズ

A背丈=37cm、B首回り=31.5cm、C胴回り=48cm、D胸=19cm、E脇=8.5cm、F足幅=7.5cm

**サイズ調整のポイント**

*背中の模様は必要な着丈に合わせて繰り返す。
*おなかの模様は脇のはぎ部分の模様で合わせる。
*背中、おなかの幅は模様の中心から左右均等に増減する。

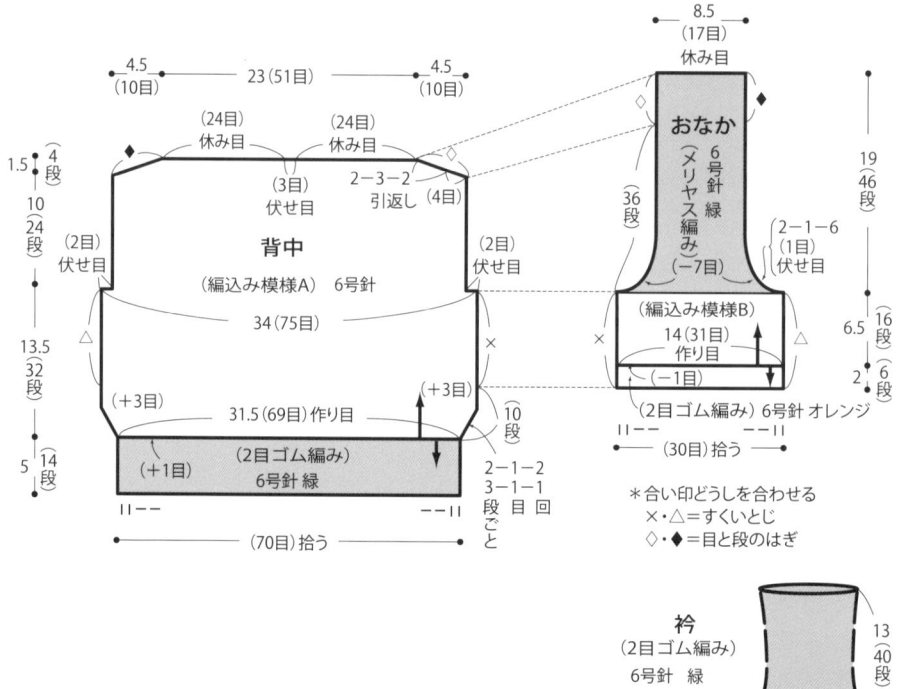

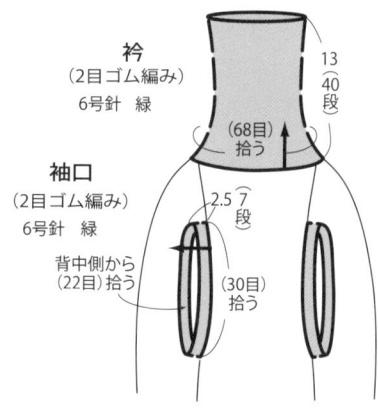

*合い印どうしを合わせる
×・△=すくいとじ
◇・◆=目と段のはぎ

★ 編込み模様A、Bの編み方は37ページ

# C ⑨ 動物フェアアイル風セーター（ペンギン）

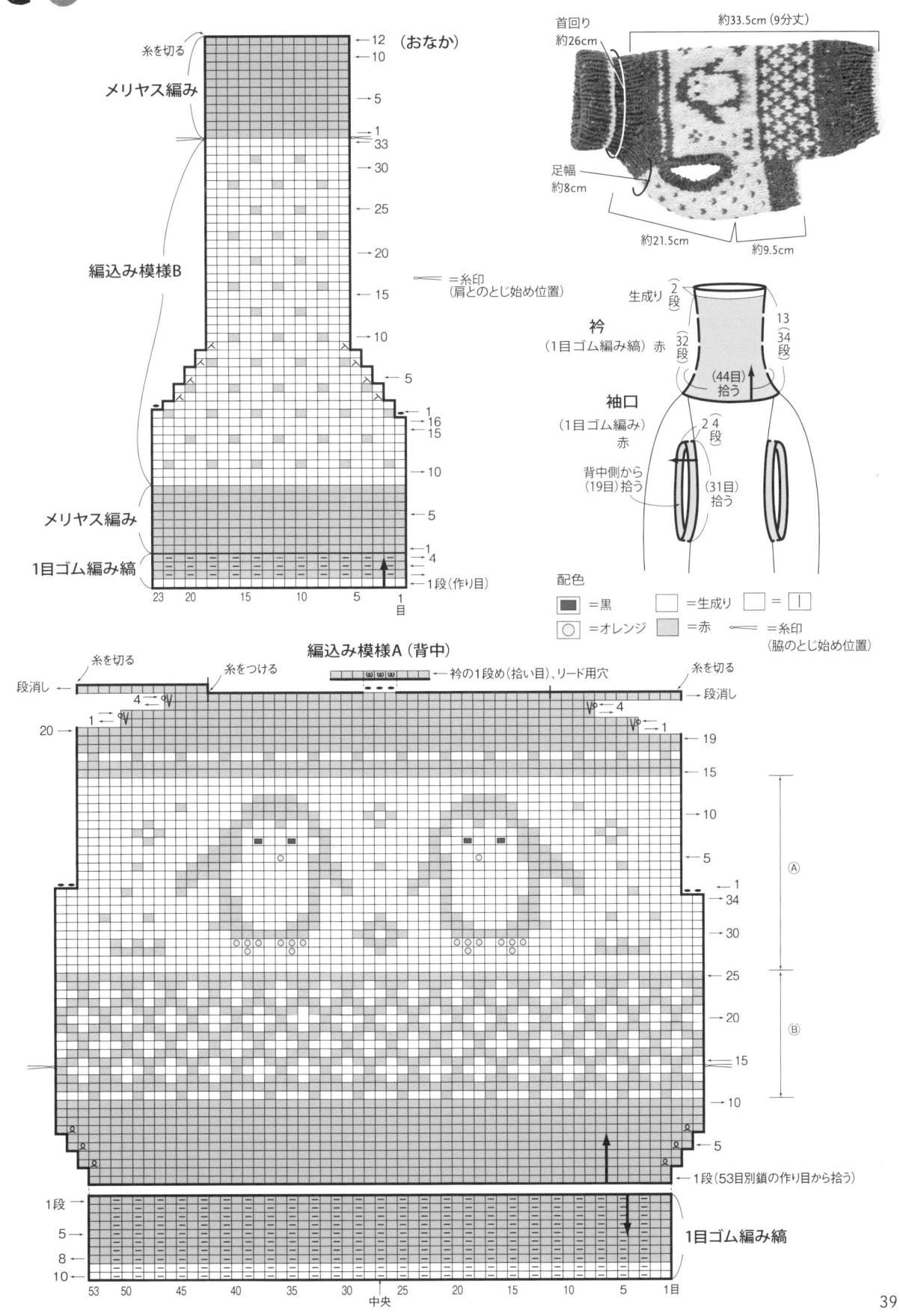

約33.5cm（9分丈）
首回り 約26cm
足幅 約8cm
約21.5cm
約9.5cm

## （おなか）
- 糸を切る
- メリヤス編み
- 編込み模様B
- メリヤス編み
- 1目ゴム編み縞

⇐ = 糸印（肩とのとじ始め位置）

衿（1目ゴム編み縞）赤
(44目)拾う
生成り 2段
13/34段
32段

袖口（1目ゴム編み）赤
2/4段
背中側から（19目）拾う
(31目)拾う

### 配色
- ■ = 黒
- □ = 生成り
- □ = |
- ○ = オレンジ
- ▨ = 赤
- ⇐ = 糸印（脇のとじ始め位置）

## 編込み模様A（背中）

- 糸を切る
- 糸をつける
- 段消し
- 衿の1段め（拾い目）、リード用穴
- 段消し
- 糸を切る

Ⓐ / Ⓑ

1段（53目別鎖の作り目から拾う）

## 1目ゴム編み縞

# C PAGE 9 動物フェアアイル風セーター

- **編み糸**　パピー　ソフトドネガル
  - あらいぐま＝グレー（5221）55g、生成り（5207）40g
  - ペンギン＝赤（5203）55g、生成り（5207）40g
  - ブリティッシュエロイカ
  - あらいぐま＝オレンジ（186）5g
  - ペンギン＝オレンジ（186）・黒（122）各少々
- **用具**　9号棒針（2本、4本）
- **ゲージ**　編込み模様A、Bともに17目20段、メリヤス編み16目22段が10cm四方

### ・編み方ポイント

背中は別鎖の作り目をして拾い目し、編始めから7段の間に両脇で各3目増し目をする。袖ぐりは伏せ目、両肩は引返し編みをする。首の中央の3目を伏止めにし、両サイドの目は休み目にする。裾は別鎖をほどきながら拾い目し、1目ゴム編みをa色で8段、b色で2段編む。編終りはb色で1目ゴム編み止めにする。

おなかはb色で指にかける作り目をし、a色に糸を替えて3段編み、図のようにメリヤス編みと編込み模様Bを編む。背中とおなかの脇はすくいとじ、肩は目と段のはぎで合わせる。

衿は背中の中心の伏止め部分で針に巻き増し目を3目して全体で44目拾い目し、4本針で1目ゴム編みをa色で32段、b色で2段輪に編み、編終りは1目ゴム編み止めにする。

袖口はa色で拾い目して4本針で輪編みにする。編終りは1目ゴム編み止めにする。

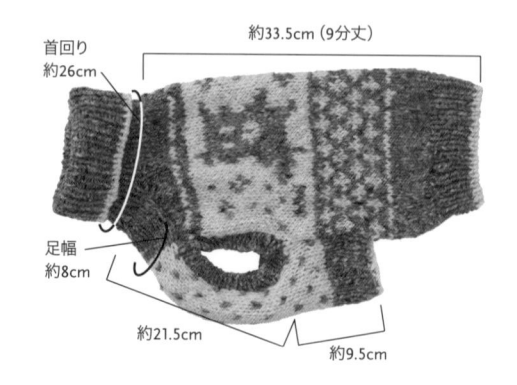

### モデル犬のサイズ

共通　A背丈＝38cm、B首回り＝26cm、C胴回り＝48cm、
　　　D胸＝21.5cm、E脇＝9.5cm、F足幅＝7cm

### サイズ調整のポイント

* 胴回りは、Ⓐは模様の中心を変えずに、左右を増減する。
  Ⓑは4目一模様を増減して調整する。
* 着丈は、Ⓐ部分はそのままで、Ⓑと裾側メリヤス編みを増減して調整する。
* おなかのメリヤス編みの段数は、脇は背中のはぎ（×△）のⒷ柄部分、首下は肩のはぎ（◇◆）の目数に合わせる。

あらいぐま、ペンギン

* 針はすべて9号針で編む

a色＝あらいぐま／グレー、ペンギン／赤
b色＝生成り

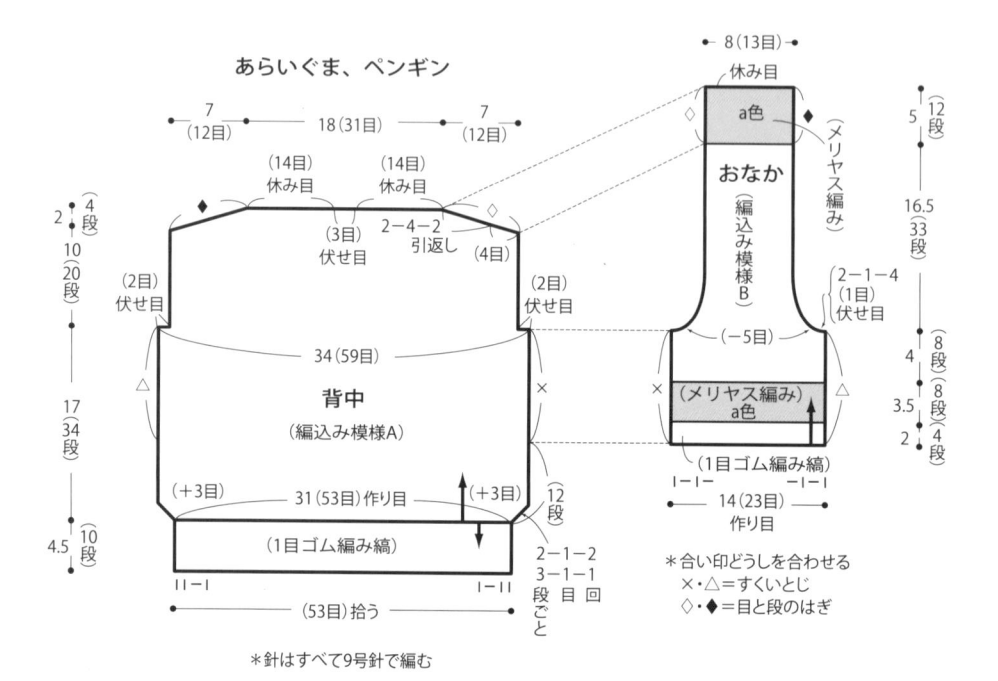

* 合い印どうしを合わせる
  ×・△＝すくいとじ
  ◇・◆＝目と段のはぎ

★ ペンギンの編み方は39ページ

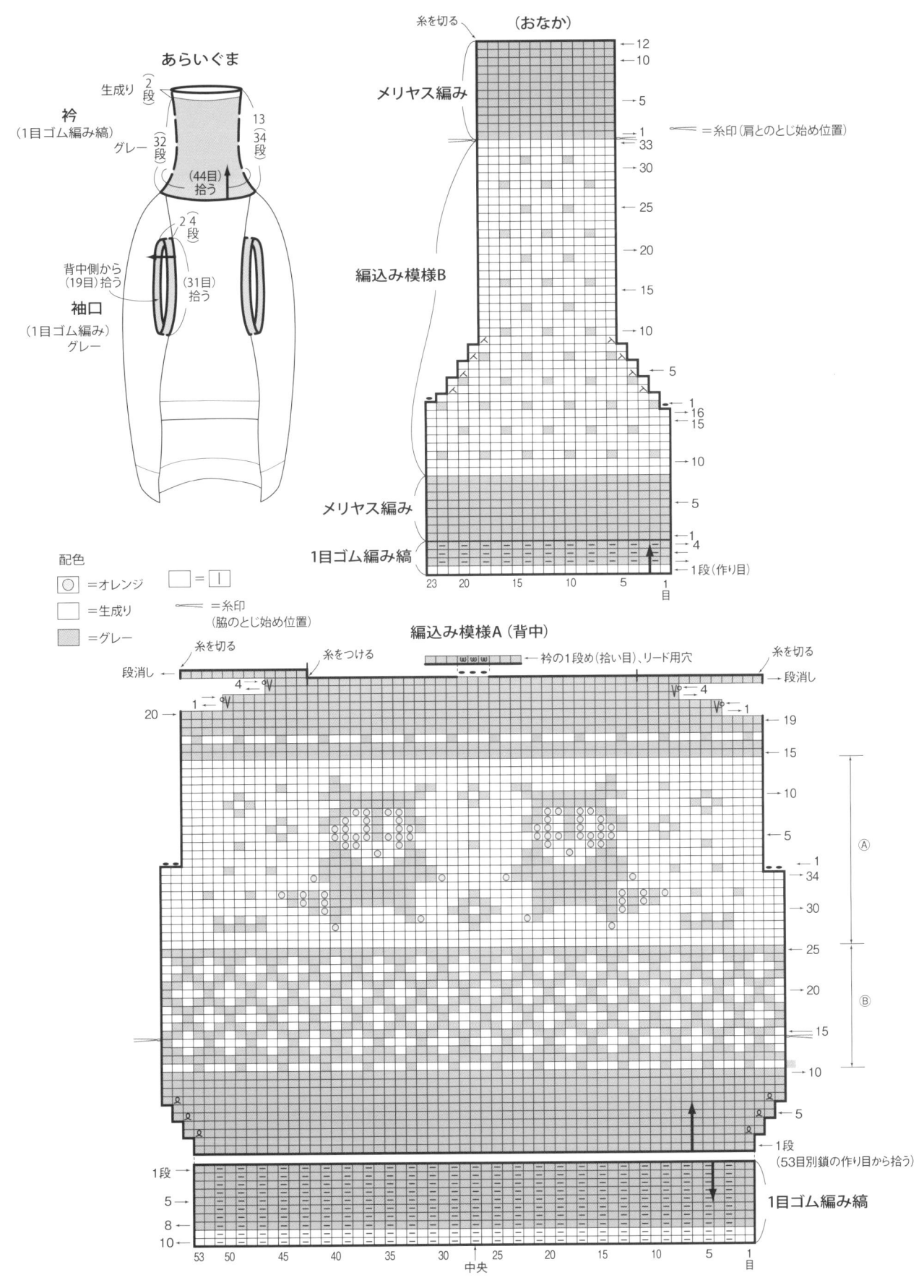

## あらいぐま

衿（1目ゴム編み縞）
生成り 2段
グレー 32段 / 34段
13 / 13
（44目）拾う

袖口（1目ゴム編み）グレー
2 / 4段
背中側から（19目）拾う
（31目）拾う

配色
- ◯ = オレンジ
- □ = 生成り
- ▨ = グレー
- □ = | |
- ー = 糸印（脇のとじ始め位置）

### （おなか）

糸を切る

メリヤス編み

編込み模様B

メリヤス編み

1目ゴム編み縞

ー = 糸印（肩とのとじ始め位置）

1段（作り目）

### 編込み模様A（背中）

糸を切る / 糸をつける / 段消し
衿の1段め（拾い目）、リード用穴

1段（53目別鎖の作り目から拾う）

1目ゴム編み縞

中央

# B PAGE 8 木の実のアランのセーター

- 編み糸　パピー　ブリティッシュエロイカ
  a／オレンジ（186）85g　b／ベージュ（143）115g
- 用具　9号棒針（2本、4本）、7号棒針（4本）、7/0号かぎ針
- ゲージ　模様編みA18目24段、模様編みB22.5目24段が10cm四方

## ・編み方ポイント

背中は別鎖の作り目をして拾い目し、編始めから7段の間に両脇で各3目増し目をする。袖ぐりは伏せ目、両肩は引返し編みをする。首の中央の2目を伏せ止めにし、両サイドの目は休み目にする。裾は別鎖をほどきながら拾い目し、裾の2目ゴム編みを編む。編終りは2目ゴム編み止めにする。

おなかは指にかける作り目をして図のように2目ゴム編みと模様編みを編む。背中とおなかの脇はすくいとじ、肩は目と段のはぎで合わせる。

衿は背中の中心の伏せ止め部分で針に巻き増し目を2目して全体で44目拾い目し2目ゴム編みを4本針で輪編みにする。編終りは2目ゴム編み止めにする。

袖口は拾い目して4本針で輪編みにする。編終りは2目ゴム編み止めにする。

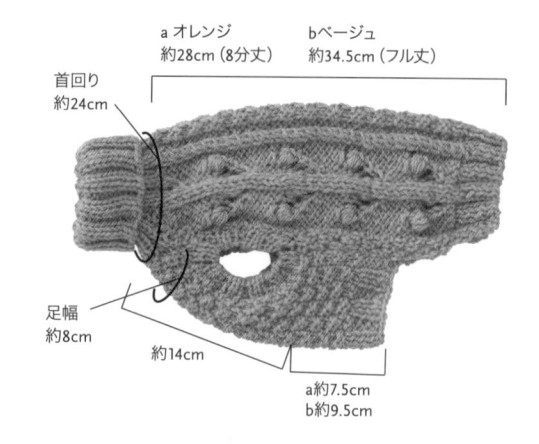

**寸法**
- 首回り 約24cm
- a オレンジ 約28cm（8分丈）
- b ベージュ 約34.5cm（フル丈）
- 足幅 約8cm
- 約14cm
- a 約7.5cm
- b 約9.5cm

### 🐾 モデル犬のサイズ
- a A背丈=35cm、B首回り=24cm、C胴回り=41cm、D胸=14cm、E脇=7.5cm、F足幅=7cm
- b A背丈=34.5cm、B首回り=24cm、C胴回り=41cm、D胸=14cm、E脇=9.5cm、F足幅=7cm

### サイズ調整のポイント
*背中の幅を大きくする場合は、両脇の模様編みを増やし、小さくするときには、中央の模様編みと両脇の模様編みを減らして調整する。
*おなかは模様編みBを増減する。

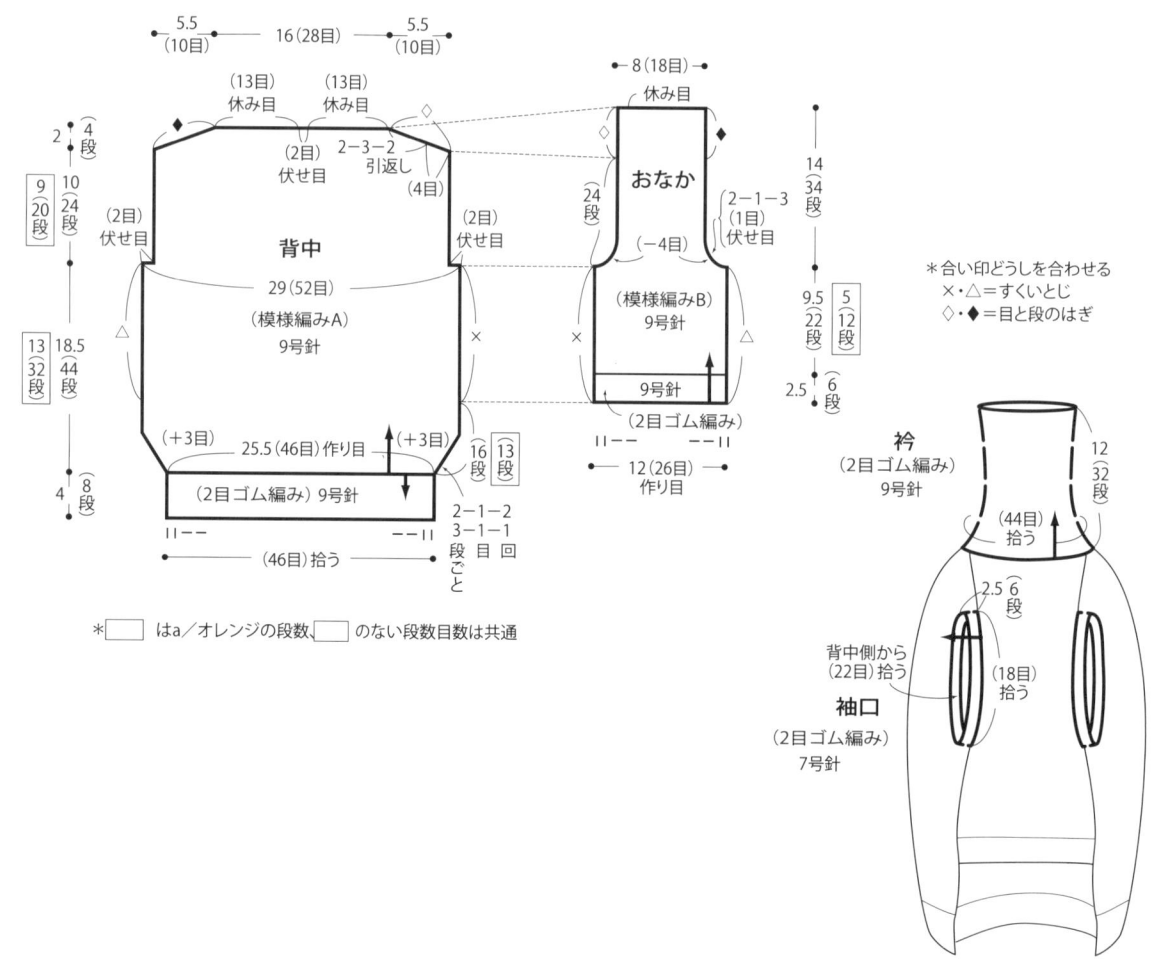

*合い印どうしを合わせる
×・△=すくいとじ
◇・◆=目と段のはぎ

*□ はa/オレンジの段数、□のない段数目数は共通

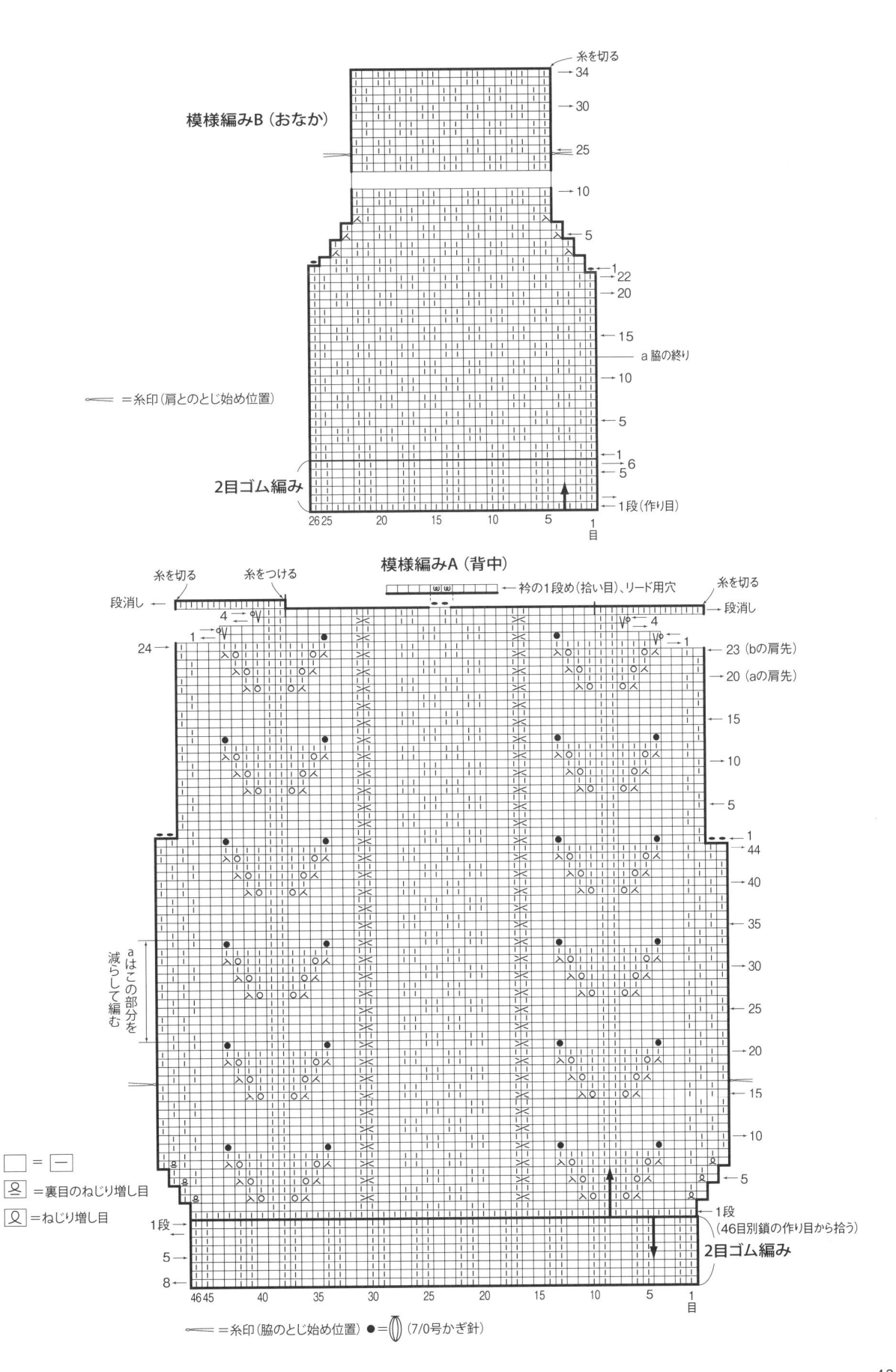

模様編みB（おなか）

→ 糸を切る
→ 34
→ 30
→ 25
→ 10
→ 5
← 1
→ 22
→ 20
← 15
→ 10
← a脇の終り
→ 5
← = 糸印（肩とのとじ始め位置）
← 1
→ 6
← 5

**2目ゴム編み**

→ 1段（作り目）

26 25　20　15　10　5　1 目

模様編みA（背中）

糸を切る　糸をつける　　　　　衿の1段め（拾い目）、リード用穴　　糸を切る
段消し ←　　　　　　　　　　　　　　　　　　　　　　　　　　　→ 段消し
　　　　　1 → 4　　　　　　　　　　　　　　　　4 ← 1
24 →　　　　　　　　　　　　　　　　　　　　　　→ 23（bの肩先）
　　　　　　　　　　　　　　　　　　　　　　　　→ 20（aの肩先）
　　　　　　　　　　　　　　　　　　　　　　　　← 15
　　　　　　　　　　　　　　　　　　　　　　　　→ 10
　　　　　　　　　　　　　　　　　　　　　　　　← 5
　　　　　　　　　　　　　　　　　　　　　　　　← 1
　　　　　　　　　　　　　　　　　　　　　　　　→ 44
　　　　　　　　　　　　　　　　　　　　　　　　→ 40
　　　　　　　　　　　　　　　　　　　　　　　　← 35
　　　　　　　　　　　　　　　　　　　　　　　　→ 30
a はこの部分を減らして編む
　　　　　　　　　　　　　　　　　　　　　　　　← 25
　　　　　　　　　　　　　　　　　　　　　　　　→ 20
　　　　　　　　　　　　　　　　　　　　　　　　← 15
　　　　　　　　　　　　　　　　　　　　　　　　→ 10
　　　　　　　　　　　　　　　　　　　　　　　　← 5
　　　　　　　　　　　　　　　　　　　　　　　　→ 1段
　　　　　　　　　　　　　　　　　　　　　　　　（46目別鎖の作り目から拾う）

1段 →
　　　5
8 ←

**2目ゴム編み**

46 45　40　35　30　25　20　15　10　5　1 目

□ = －
⧖ = 裏目のねじり増し目
⧗ = ねじり増し目

⇐ = 糸印（脇のとじ始め位置）　● = ◯（7/0号かぎ針）

# D PAGE 10 ふとふとボーダーのベスト&マット

- 編み糸　ベスト＝リッチモア　ソフトラッド
  - a／茶(8) 135g、生成り(29) 85g
  - b／ネービー(24) 180g、グレー(1) 125g
  - リッチモア　スペクトルモデム
  - a／オレンジ(27)　b／赤(31) 各少々
  - マット＝リッチモア　ソフトラッド
  - ネービー(24) 110g、茶色(8) 65g
- 用具　8mmジャンボ棒針(2本)、15号棒針(4本)
- ゲージ　メリヤス編み縞11目16段が10cm四方
- サイズ　マット＝幅60cm、長さ44cm

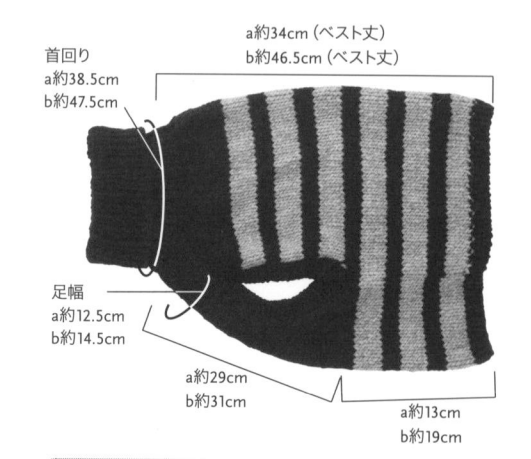

### 編み方ポイント

背中は別鎖の作り目をして拾い目し、メリヤス編み縞とメリヤス編みで編む。袖ぐりは伏せ目、両肩は引返し編みをする。首の4目を伏せ止めにし、両サイドの目は休み目にする。裾は別鎖をほどきながら拾い目し、裾の1目ゴム編みを編む。編終りは1目ゴム編み止めにする。

おなかは別鎖の作り目をして拾い目し、メリヤス編み縞とメリヤス編みで編む。背中とおなかの脇はすくいとじ、肩は目と段のはぎで合わせる。

衿は背中の伏せ止め部分で針に巻き増し目を4目して全体で52目拾い目し1目ゴム編みを4本針で輪編みにする。編終りは1目ゴム編み止めにする。

袖口は拾い目して4本針で輪編みにする。編終りは1目ゴム編み止めにする。

メリヤス刺繍は図の位置に2本どりで刺繍する（刺し方は49ページ）。

寸法:
- 首回り　a約38.5cm　b約47.5cm
- ベスト丈　a約34cm　b約46.5cm
- 足幅　a約12.5cm　b約14.5cm
- a約29cm　b約31cm
- a約13cm　b約19cm

### 🐾 モデル犬のサイズ

- a A背丈＝55cm、B首回り＝38.5cm、C胴回り＝68cm、D胸＝29cm、E脇＝13cm、F足幅＝11.5cm
- b A背丈＝62cm、B首回り＝47.5cm、C胴回り＝81.5cm、D胸＝31cm、E脇＝19cm、F足幅＝13.5cm

**サイズ調整のポイント**
＊着丈はボーダーの段数と本数で調整する。

---

b

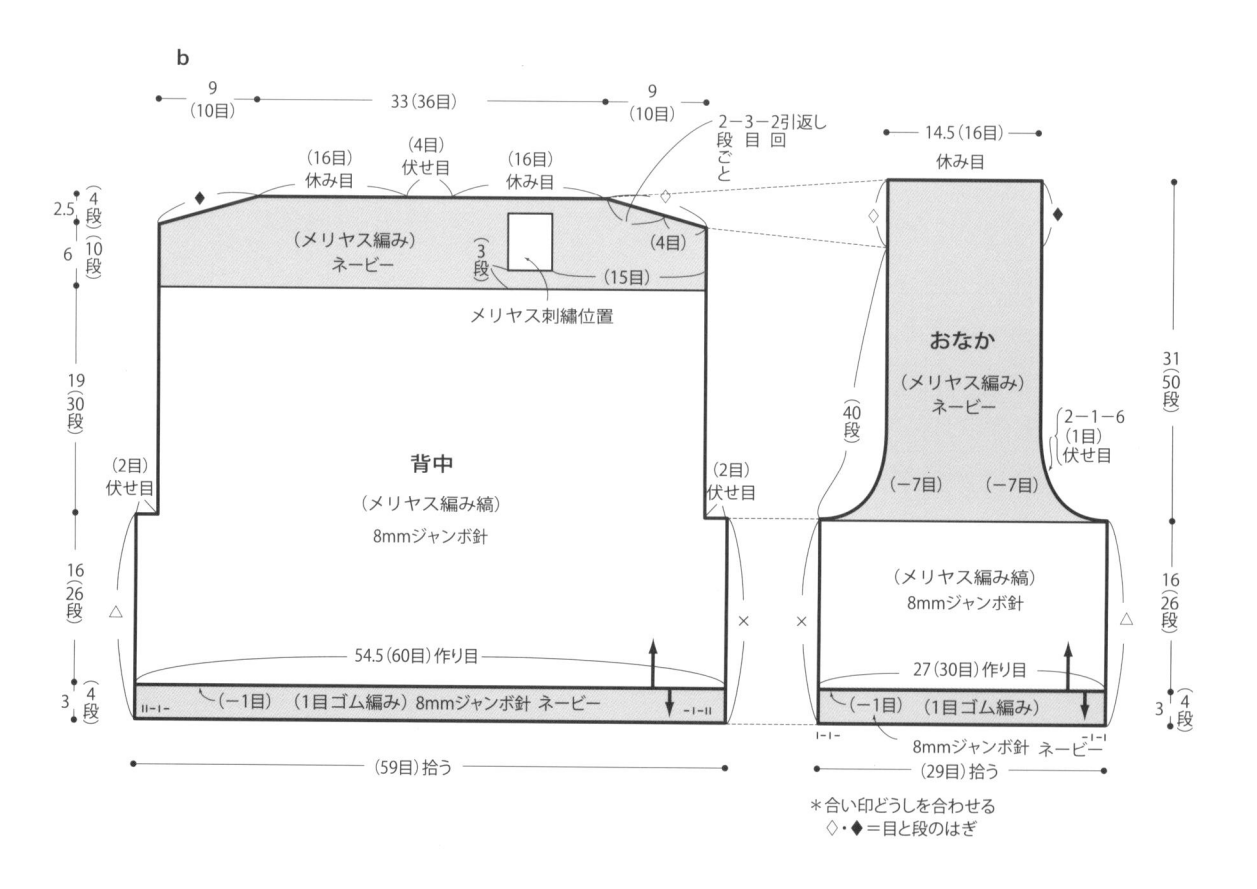

背中 （メリヤス編み縞）8mmジャンボ針
- 9 (10目)　33 (36目)　9 (10目)
- 2-3-2引返し 段目回 段ごと
- (16目)休み目　(4目)伏せ目　(16目)休み目
- 2.5 / 4段
- 6 / 10段
- (メリヤス編み) ネービー
- 3段　(15目)　(4目)
- メリヤス刺繍位置
- 19 / 30段
- (2目)伏せ目
- (2目)伏せ目
- 16 / 26段
- 54.5 (60目) 作り目
- 3 / 4段
- (−1目) (1目ゴム編み) 8mmジャンボ針 ネービー
- (59目)拾う

おなか （メリヤス編み）ネービー
- 14.5 (16目) 休み目
- 40段
- 31 / 50段
- 2-1-6 (1目)伏せ目
- (−7目)　(−7目)
- (メリヤス編み縞) 8mmジャンボ針
- 16 / 26段
- 27 (30目) 作り目
- 3 / 4段
- (−1目) (1目ゴム編み) 8mmジャンボ針 ネービー
- (29目)拾う

＊合い印どうしを合わせる
◇・◆＝目と段のはぎ

★ベスト(a)、マットの作り方は46ページ参照

b

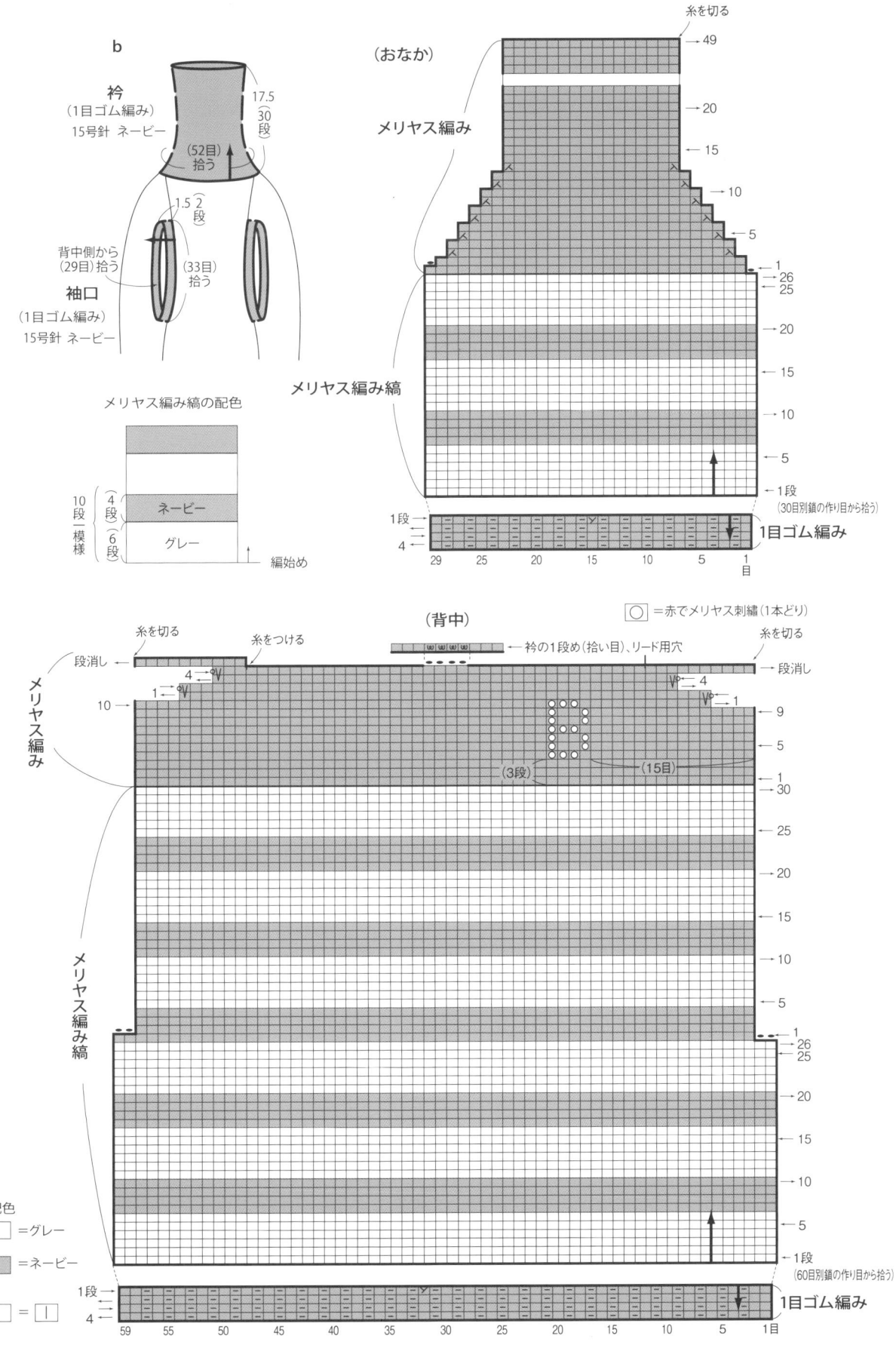

衿
（1目ゴム編み）
15号針 ネービー

17.5
(30段)

(52目)
拾う

1.5 (2段)

背中側から
(29目)拾う

(33目)拾う

袖口
（1目ゴム編み）
15号針 ネービー

メリヤス編み縞の配色

10段一模様 { ネービー (4段) / グレー (6段) }
編始め

（おなか）

糸を切る
→49
→20
←15
→10
←5
→1
→26
25

メリヤス編み

→20
15
10
5

メリヤス編み縞

1段
（30目別鎖の作り目から拾う）

1目ゴム編み

1段→
4→
29  25  20  15  10  5  1目

○ = 赤でメリヤス刺繍（1本どり）

（背中）

← 衿の1段め（拾い目）、リード用穴

糸を切る / 糸をつける / 糸を切る
段消し / 段消し

メリヤス編み

10→  4 °V    V°→4
       1←°V    V°→1
                        →9
                        →5
(3段) (15目)    →1
                        →30
                        25
                        20
                        15
                        10
                        5

メリヤス編み縞

1
→26
25
20
15
10
5
1段
(60目別鎖の作り目から拾う)

配色
□ = グレー
■ = ネービー
□ = |

1段→
4→

1目ゴム編み

59  55  50  45  40  35  30  25  20  15  10  5  1目

45

# D PAGE 10 ふとふとボーダーのベスト (a)

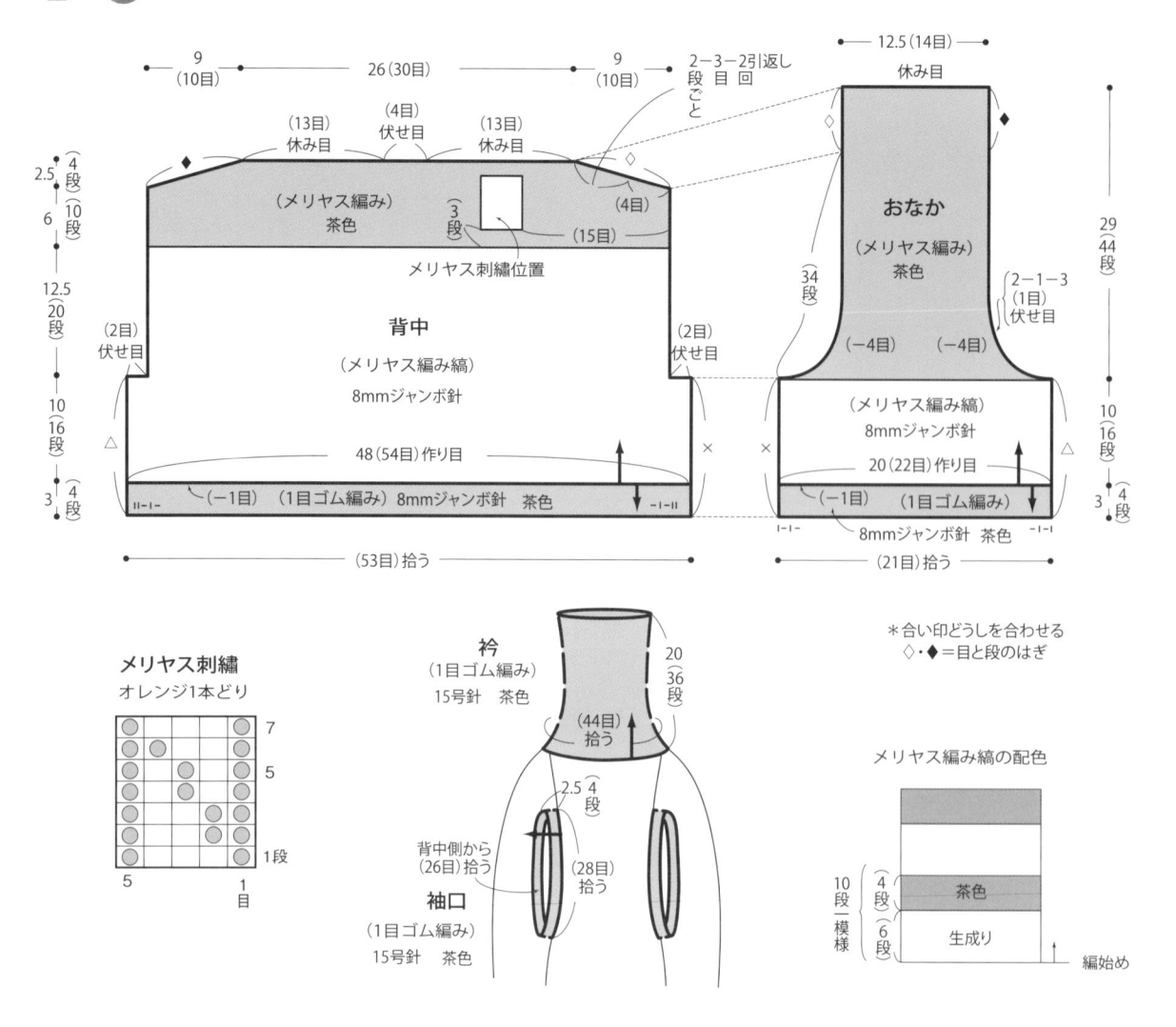

## 背中
- 9（10目）
- 26（30目）
- 9（10目）
- 2-3-2 引返し 段ごと 目回
- （13目）休み目
- （4目）伏せ目
- （13目）休み目
- 2.5 / 4段
- 6 / 10段
- （メリヤス編み）茶色
- （3段）
- （15目）
- メリヤス刺繍位置
- 12.5 / 20段
- 背中（メリヤス編み縞）8mmジャンボ針
- （2目）伏せ目 ×2
- 10 / 16段
- 48（54目）作り目
- 3 / 4段
- （−1目）（1目ゴム編み）8mmジャンボ針 茶色
- 1-1-1
- （53目）拾う

## おなか
- 12.5（14目）
- 休み目
- 29 / 44段
- おなか（メリヤス編み）茶色
- 34段
- 2-1-3（1目）伏せ目
- （−4目）（−4目）
- 10 / 16段
- （メリヤス編み縞）8mmジャンボ針
- 20（22目）作り目
- 3 / 4段
- （−1目）（1目ゴム編み）8mmジャンボ針 茶色
- 1-1-1
- （21目）拾う

## メリヤス刺繍
オレンジ1本どり
7段 / 5段 / 1段
5目 / 1目

## 衿
（1目ゴム編み）15号針 茶色
20 / 36段
（44目）拾う

## 袖口
（1目ゴム編み）15号針 茶色
背中側から（26目）拾う
（28目）拾う
2.5 / 4段

\*合い印どうしを合わせる
◇・◆＝目と段のはぎ

## メリヤス編み縞の配色
10段一模様
4段 茶色
6段 生成り
編始め

---

# D PAGE 10 ふとふとボーダーのマット

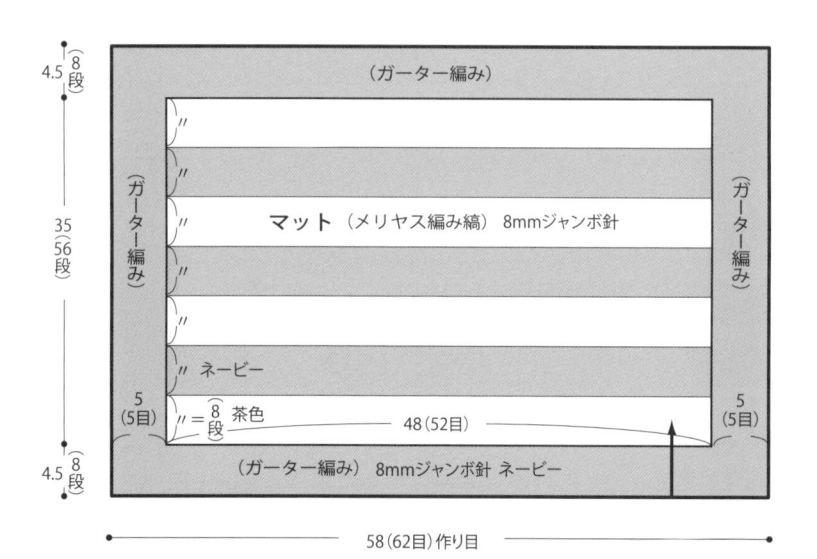

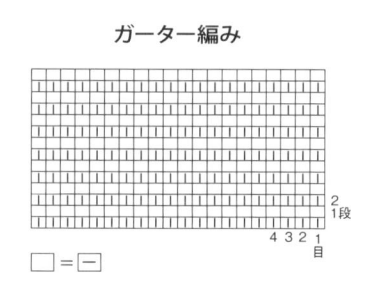

- 4.5 / 8段
- （ガーター編み）
- （ガーター編み）
- 35 / 56段
- マット（メリヤス編み縞）8mmジャンボ針
- ″ ＝ 8段 茶色
- ネービー
- 48（52目）
- 5（5目）
- 5（5目）
- 4.5 / 8段
- （ガーター編み）8mmジャンボ針 ネービー
- 58（62目）作り目

## ガーター編み
2段 / 1段
4 3 2 1 目
□ ＝ －

# E PAGE 12 フラッグパターンのセーター (UK)

- ・編み糸 　リッチモア　スペクトルモデム
  　　　　　こげ茶 (42) 140g、白 (2)・ネービー (44)・赤 (31) 各10g
- ・用具 　　7号棒針 (2本、4本)
- ・ゲージ 　メリヤス編み18目24段が10cm四方

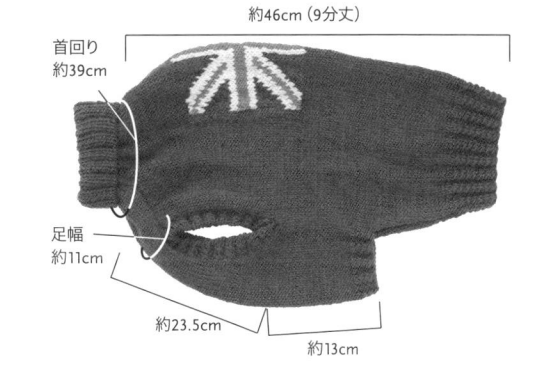

・編み方ポイント

背中は別鎖の作り目をして拾い目し、編始めから7段の間に両脇で各3目増し目をする。45段めから図の位置に編込み模様を入れながら編む。袖ぐりは伏せ目、両肩は引返し編みをする。首の中央の2目を伏止めにし、両サイドの目は休み目にする。裾は別鎖をほどきながら拾い目し、裾の模様編みを14段編む。編終りは2目ゴム編み止めにする。

おなかは指にかける作り目をし、模様編み、続けてメリヤス編みを編む。背中とおなかの脇はすくいとじ、肩は目と段のはぎで合わせる。

衿は背中の中心の伏止め部分で針に巻き増し目を2目して全体で68目拾い目し、4本針で模様編みを輪に編み、編終りは2目ゴム編み止めにする。

袖口は拾い目して4本針で模様編みを輪編みにする。編終りは2目ゴム編み止めにする。

### モデル犬のサイズ

A背丈＝50cm、B首回り＝39cm、C胴回り＝64cm、D胸＝23.5cm、
E脇＝13cm、F足幅＝10cm

### サイズ調整のポイント

* 編込み模様は、背中の中心、首もと寄りを基本に、好みの位置に配置する。
* 衿はハイネックはUKフラッグ、折り返すタートルネックはUSAフラッグを参照する。
* 超小型犬は、使用糸の太さを少し細くし、棒針も糸に合わせる。

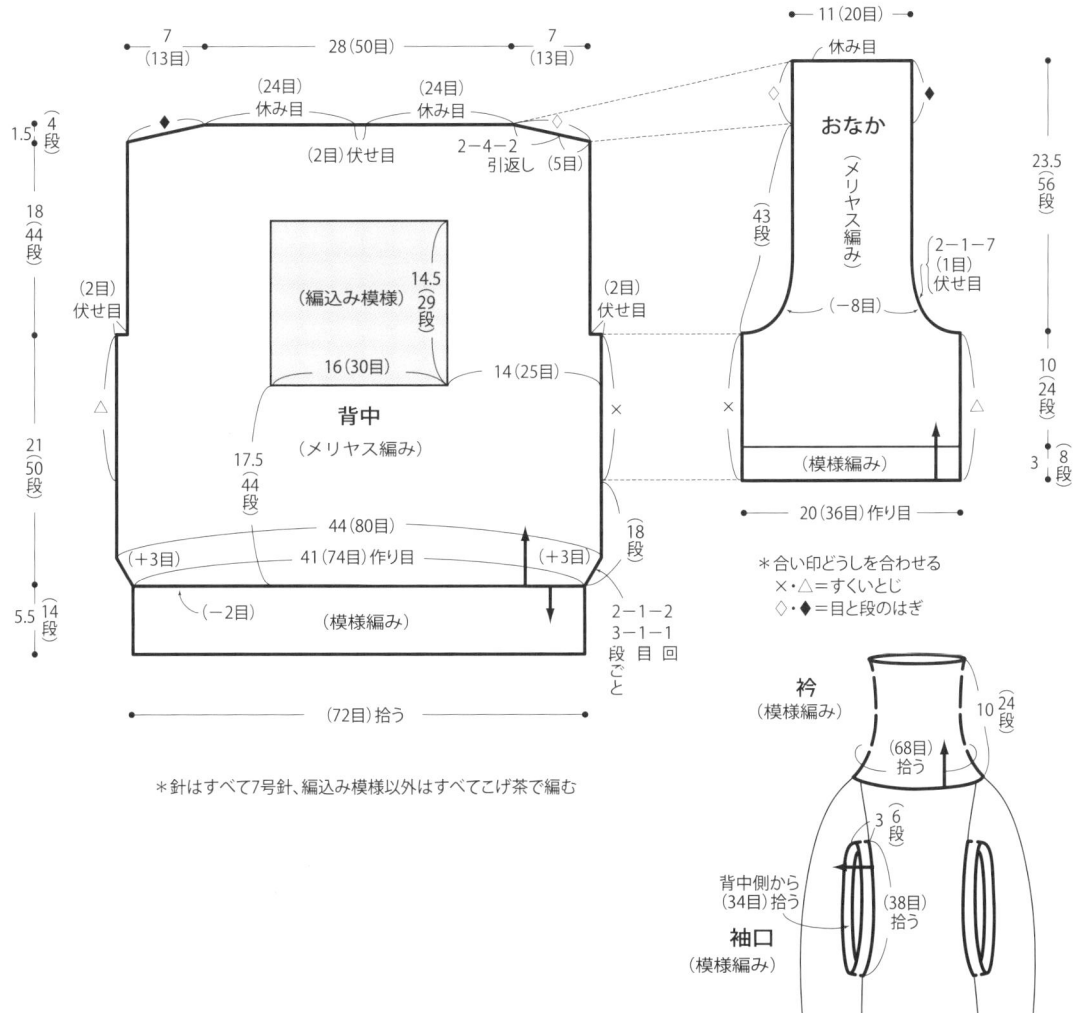

\* 針はすべて7号針、編込み模様以外はすべてこげ茶で編む

\* 合い印どうしを合わせる
×・△＝すくいとじ
◇・◆＝目と段のはぎ

★ 模様編み、編込み模様は49ページ

# E PAGE 12 フラッグパターンのセーター (USA)

- **編み糸** リッチモア　スペクトルモデム
  ブルー（23）140g、白（2）・ネービー（44）・赤（31）各10g
- **用具** 7号棒針（2本、4本）
- **ゲージ** メリヤス編み18目24段が10cm四方

- **編み方ポイント**

背中は別鎖の作り目をして拾い目し、編始めから7段の間に両脇で各3目増し目をする。45段めから図の位置に編込み模様を入れながら編む。袖ぐりは伏せ目、両肩は引返し編みをする。首の中央の2目を伏止めにし、両サイドの目は休み目にする。裾は別鎖をほどきながら拾い目し、裾の模様編みを14段編む。編終りは2目ゴム編み止めにする。

おなかは指にかける作り目をし、模様編み、続けてメリヤス編みを編む。背中とおなかの脇はすくいとじ、肩は目と段のはぎで合わせる。

衿は背中の中心の伏止め部分で針に巻き増し目を2目して全体で56目拾い目し、4本針で模様編みを輪に編み、編終りは2目ゴム編み止めにする。

袖口は拾い目して4本針で模様編みを輪編みにする。編終りは2目ゴム編み止めにする。

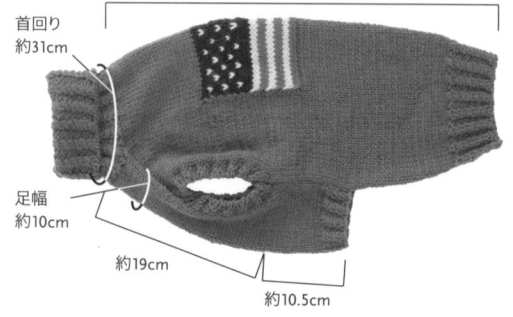

約45.5cm（9分丈）
首回り 約31cm
足幅 約10cm
約19cm
約10.5cm

### モデル犬のサイズ
A背丈＝50cm、B首回り＝31cm、C胴回り＝60cm、D胸＝19cm、E脇＝10.5cm、F足幅＝9cm

### サイズ調整のポイント
＊編込み模様は、背中の中心、首もと寄りを基本に、好みの位置に配置する。
＊衿はハイネックはUKフラッグ、折り返すタートルネックはUSAフラッグを参照する。
＊超小型犬は、使用糸の太さを少し細くし、棒針も糸に合わせる。

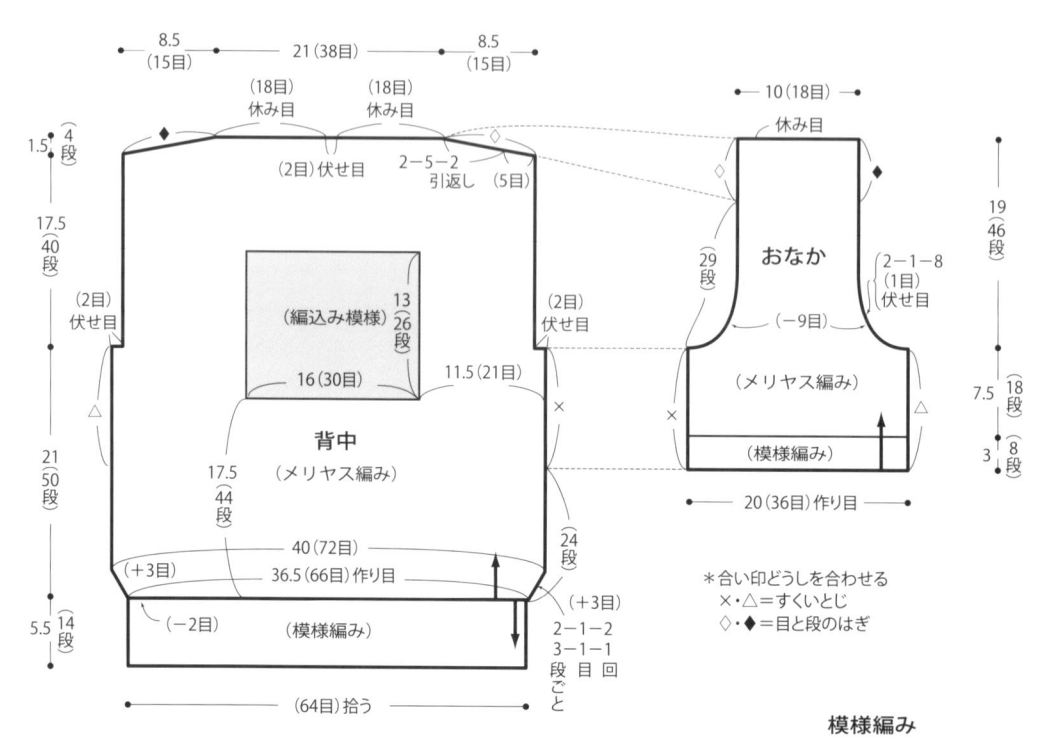

※合い印どうしを合わせる
×・△＝すくいとじ
◇・◆＝目と段のはぎ

＊針はすべて7号針、編込み模様以外はすべてブルーで編む

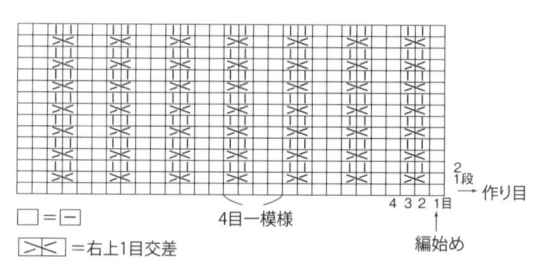

### 模様編み
□＝□
※＝右上1目交差
4目一模様

48　★ 衿、袖口、編込み模様は49ページ

## E UK フラッグ

**模様編み**

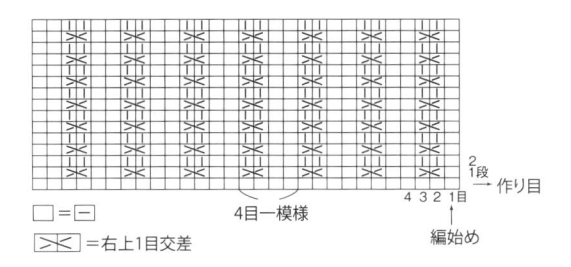

□ = −
⋈ = 右上1目交差

4目一模様
2段 / 1段 → 作り目
4 3 2 1目
編始め

**編込み模様**

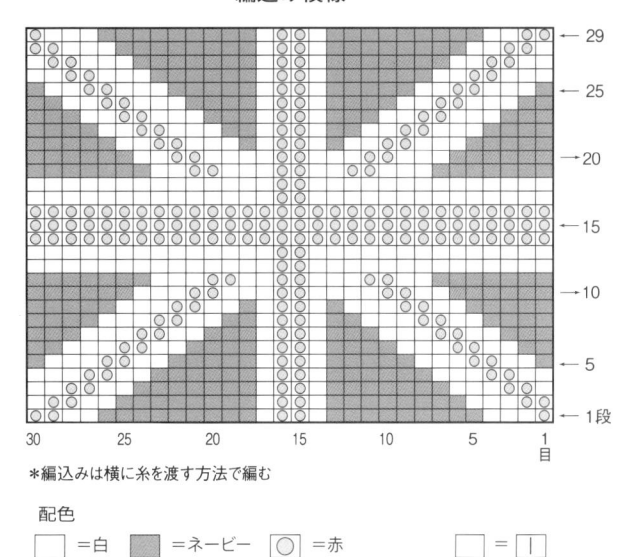

*編込みは横に糸を渡す方法で編む

配色
□ = 白　■ = ネービー　○ = 赤　□ = |

## E USA フラッグ

衿は最初の18段は表側に、その後の18段は裏側に模様が出るように編む

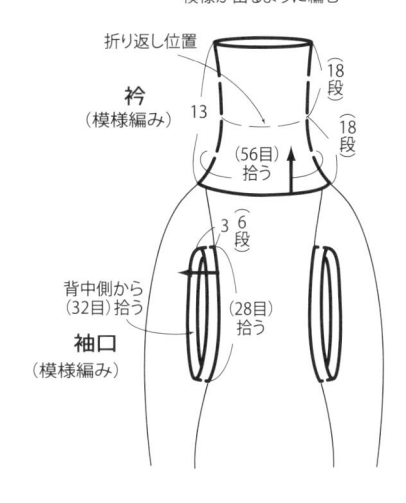

折り返し位置
衿（模様編み）13
(56目)拾う
(18段)
(18段)

背中側から(32目)拾う
袖口（模様編み）
(28目)拾う
3 / 6段

**編込み模様**

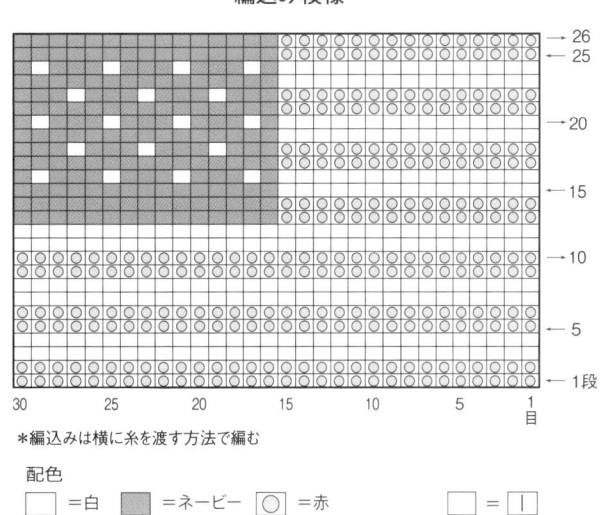

*編込みは横に糸を渡す方法で編む

配色
□ = 白　■ = ネービー　○ = 赤　□ = |

[ メリヤス刺繍 ]

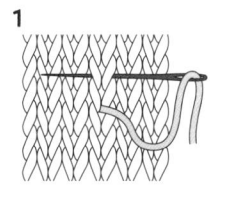

**1** 刺す目の下から、目を割るように針を出し、上の段の根もとを横にすくう

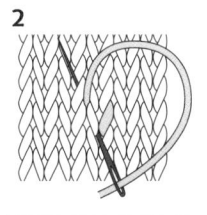

**2** 刺始めに針を戻し入れる

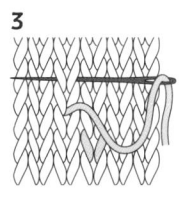

**3** 1、2を繰り返す

49

# F PAGE 13 スカルパターンのセーター

- **編み糸** パピー　ブリティッシュエロイカ
  a／黒（122）　b／ターコイズ（190）各110g、共通／白（125）各10g
- **用具** 9号棒針（2本、4本）
- **ゲージ** メリヤス編み15目20段が10cm四方

### 編み方ポイント

背中は別鎖の作り目をして拾い目し、編始めから7段の間に両脇で各3目増し目をする。13段めから図の位置に編込み模様を入れながら編む。袖ぐりは伏せ目、両肩は引返し編みをする。首の中央の2目を伏止めにし、両サイドの目は休み目にする。裾は別鎖をほどきながら拾い目し、1目ゴム編みを編み、編終りは1目ゴム編み止めにする。

おなかは指にかける作り目をし、1目ゴム編みを6段、続けて1段めで1目増し目してメリヤス編みを編む。背中とおなかの脇はすくいとじ、肩は目と段のはぎで合わせる。

衿は背中の中心の伏止め部分で針に巻き増し目を2目して全体で52目拾いし1目ゴム編みを4本針にて輪編みにする。編終りは1目ゴム編み止めにする。黒またはターコイズの糸で衿回りにフリンジをつける。

袖口は拾い目して4本針にて輪編みにする。編終りは1目ゴム編み止めにする。

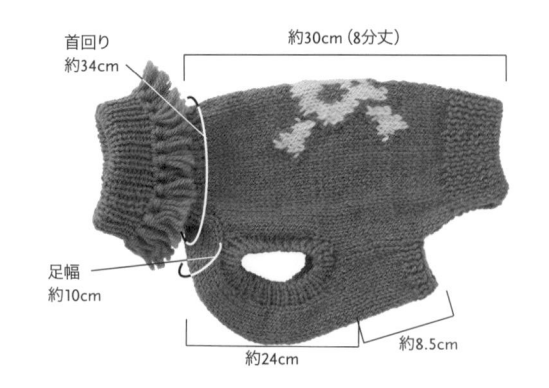

### モデル犬のサイズ

共通　A背丈＝37.5cm、B首回り＝34cm、C胴回り＝52cm、
　　　D胸＝24cm、E脇＝8.5cm、F足幅＝9cm

**サイズ調整のポイント**

* 編込み模様は、背中の中心に配置（スカルの目の下を脇の伏せ目の位置にそろえるのが目安）。
* 着丈、胴回りは、無地のメリヤス編み部分を増減して調整する。

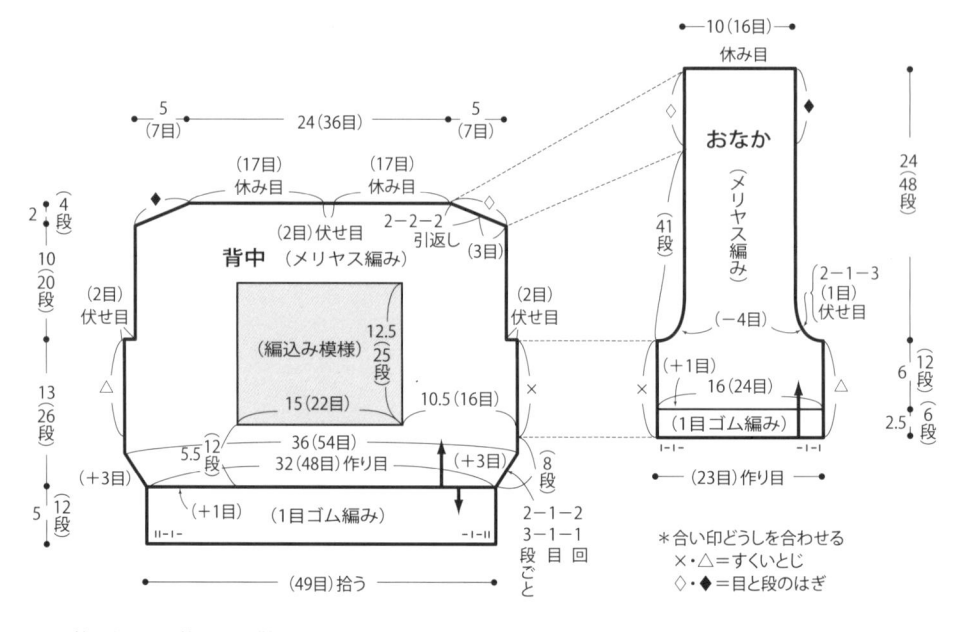

\*針はすべて9号針、編込み模様以外はすべて黒またはターコイズで編む

### 衿の1目ゴム編みとフリンジつけ位置

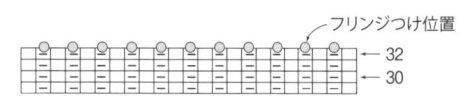

1目ゴム編み止めをした後、折り返して表になる側を見てフリンジをつける

### フリンジのつけ方

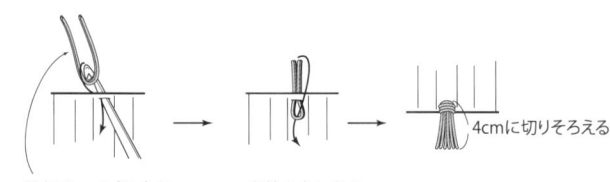

長さ12cmの糸3本を二つ折り → 糸輪の中に糸を通す → 4cmに切りそろえる

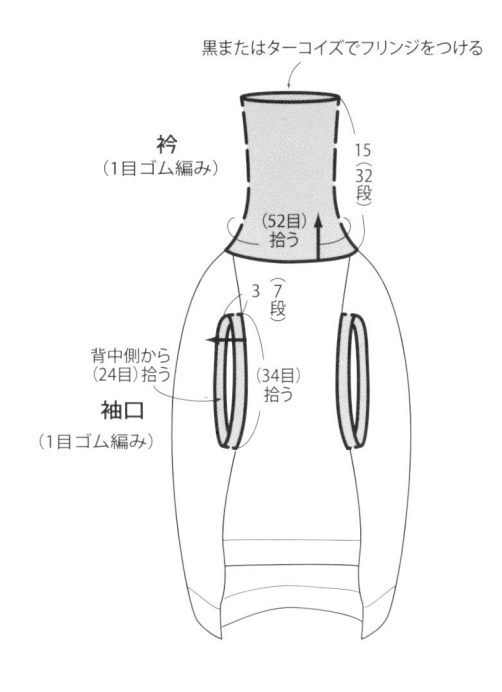

黒またはターコイズでフリンジをつける

衿（1目ゴム編み）

15（32段）

（52目）拾う

3（7段）

背中側から（24目）拾う

（34目）拾う

袖口（1目ゴム編み）

### 編込み模様

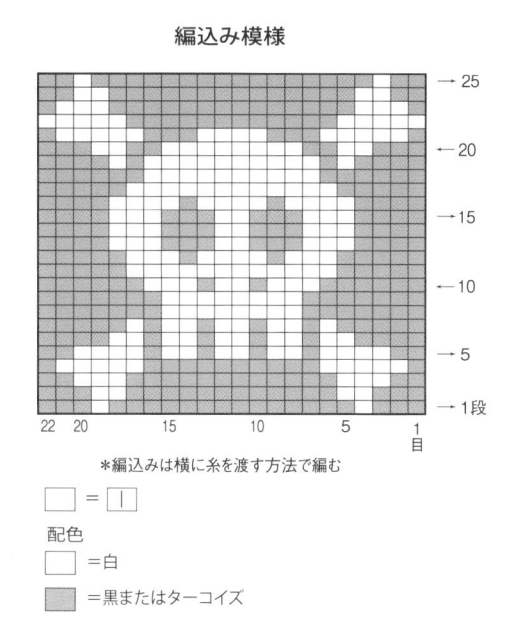

*編込みは横に糸を渡す方法で編む

配色
□ =白
■ =黒またはターコイズ

## L PAGE 22・23 アランのマフラー

・編み方ポイント

別鎖の作り目をして拾い目し、模様編みBを74段編む。続けて1目ゴム編みを38段編んで休み目にする。別鎖をほどきながら拾い目し、1目ゴム編みを16段編み、編終りは伏止めにする。上側の1目ゴム編みを裏側に二つ折りにし、はぎ合わせて袋状に仕立てる。

17（38段）

折り山
（1目ゴム編み）
（−1目）
（17目）

30（74段）
（模様編みB）
9号針

9（18目）作り目
（1目ゴム編み）
（−1目）

7（16段）

←（17目）拾う

### 模様編みB

（18目別鎖の作り目から拾う）

はぎ合わせる

マフラー（裏）

1目ゴム編みを裏側に二つ折りにし、はぎ合わせて輪にする

### 1目ゴム編み

□ =│

編始め

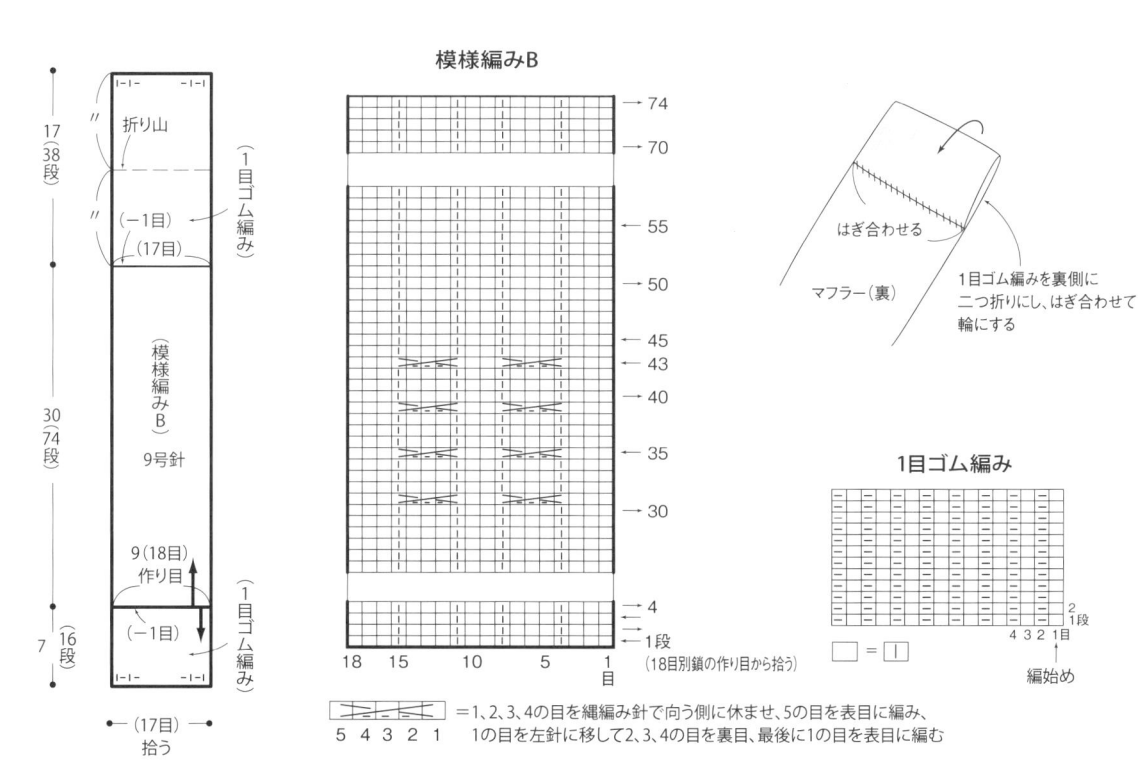

= 1、2、3、4の目を縄編み針で向う側に休ませ、5の目を表目に編み、1の目を左針に移して2、3、4の目を裏目、最後に1の目を表目に編む

★ 編み糸は68ページ参照

## G 14 15 北欧風の編込みセーター＆ネックウォーマー

- 編み糸　ホビーラホビーレ　ウールスイート
  - セーター＝花／黒 (25) 葉っぱ／こげ茶 (15) 各50g
  - 共通／白 (21) 各30g
  - ネックウォーマー＝花／黒 (25) 葉っぱ／こげ茶 (15) 各20g
  - 共通／白 (21) 各10g
- 用具　6号棒針 (2本、4本)
- ゲージ　編込み模様A23目24段、編込み模様B21目26段、メリヤス編20目26段が10cm四方
- サイズ　ネックウォーマー＝首回り36.5cm、丈11cm

- 編み方ポイント

背中は別鎖の作り目をして拾い目し、編始めから7段の間に両脇で各3目増し目をする。袖ぐりは伏せ目、両肩は引返し編みをする。首の中央の3目を伏止めにし、両サイドの目は休み目にする。裾は別鎖をほどきながら拾い目し、1目ゴム編みを12段編む。編終りは1目ゴム編み止めにする。

おなかは黒またはこげ茶で指にかける作り目をし、1目ゴム編みを5段編み、図のように編込み模様Bとメリヤス編みを編む。背中とおなかの脇はすくいとじ、肩は目と段のはぎで合わせる。

衿は背中の中心の伏止め部分で針に巻き増し目を3目して全体で62目拾い目し、4本針で1目ゴム編みを輪に編み、編終りは1目ゴム編み止めにする。

袖口は拾い目して4本針で輪編みにする。編終りは1目ゴム編み止めにする。

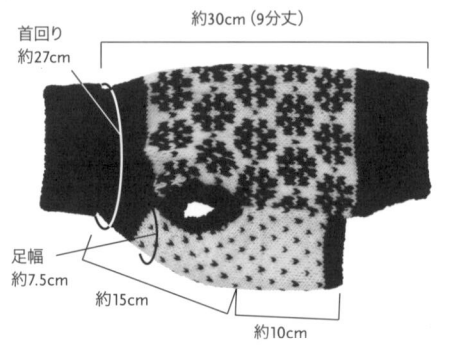

### モデル犬のサイズ

共通　A背丈＝33.5cm、B首回り＝27cm、C胴回り＝46.5cm、D胸＝15cm、E脇＝10cm、F足幅＝6.5cm

サイズ調整のポイント
* 背丈は、裾と首もとの無地のメリヤス部分、または模様の段数を増減して調整する。
* 胴回りは、背中、おなかともに模様編みの中心を変えずに、左右均等に増減する。
* おなか、首もとの無地のメリヤス編みの段数は、肩のはぎの目数と合わせる。

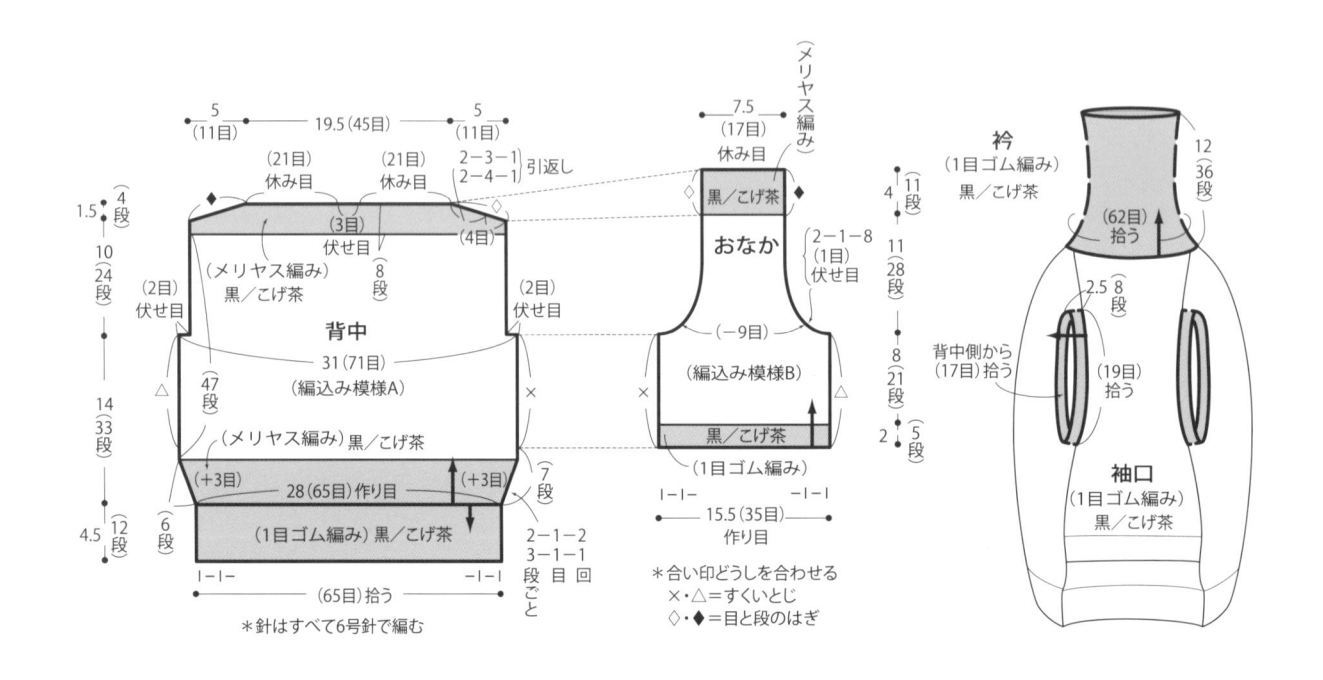

※ 針はすべて6号針で編む

* 合い印どうしを合わせる
  ×・△＝すくいとじ
  ◇・◆＝目と段のはぎ

★ 葉っぱの模様編みA、ネックウォーマーの編み方は54ページ

糸を切る

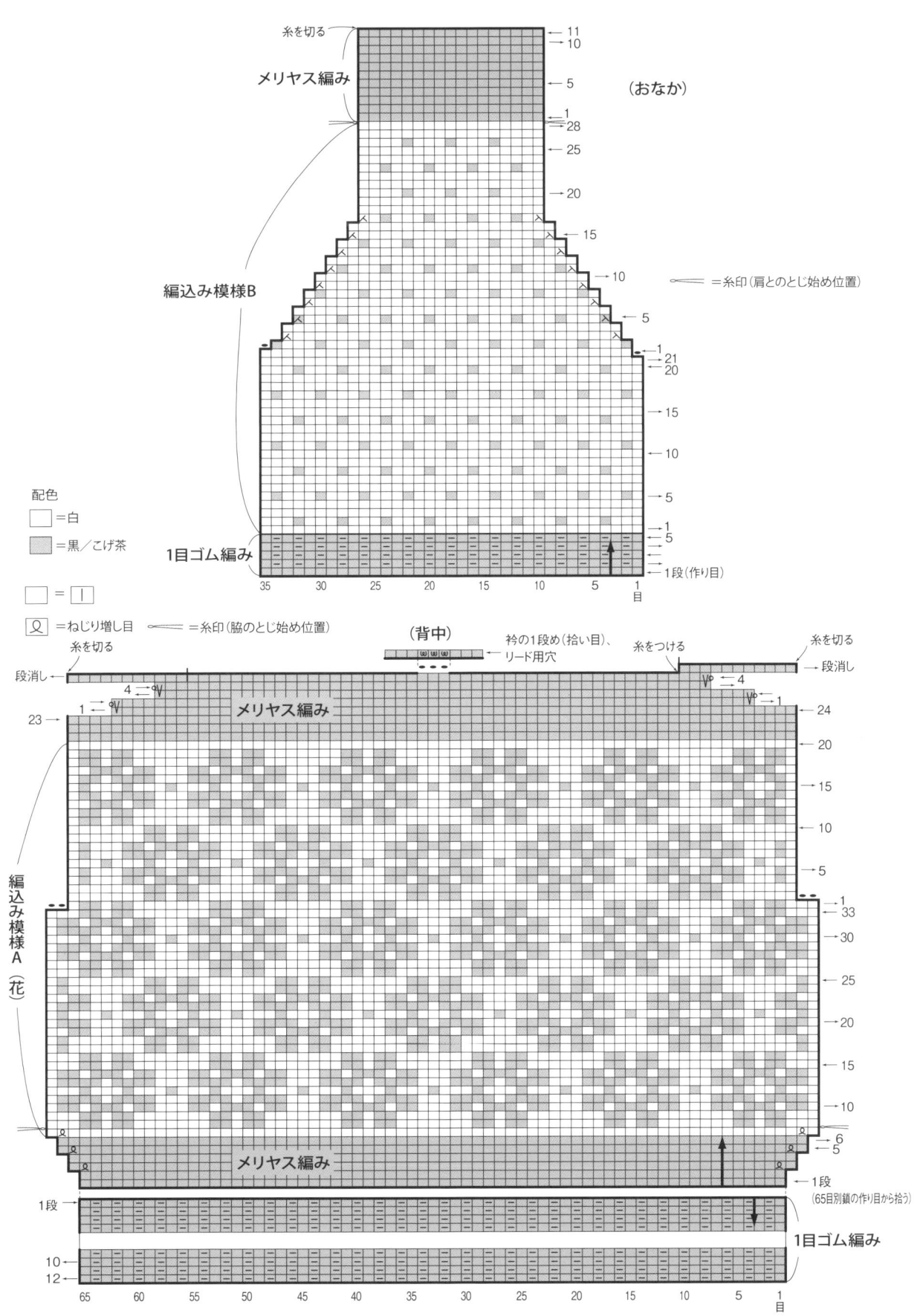

メリヤス編み

（おなか）

編込み模様B

= 糸印（肩とのとじ始め位置）

配色
□ =白
■ =黒／こげ茶

□ = |
Ω = ねじり増し目　⌒ = 糸印（脇のとじ始め位置）

1目ゴム編み

目

（背中）　衿の1段め（拾い目）、リード用穴　糸をつける　糸を切る

糸を切る　　段消し　　　　　　　　　　　　　　　　　　　　　段消し

メリヤス編み

編込み模様A（花）

メリヤス編み

1段（65目鎖の作り目から拾う）

1目ゴム編み

目

## G 編込み模様A（葉っぱ）

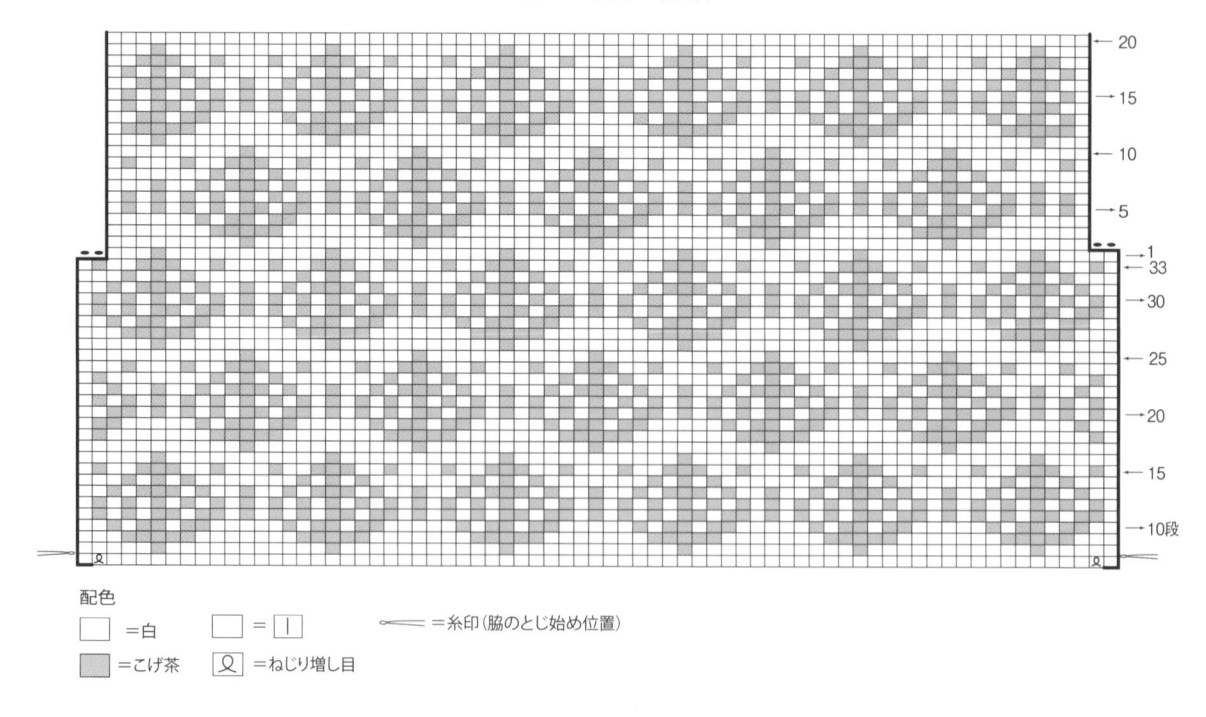

編込み模様A（背中）

配色
□ =白　□ = |　　⌒ =糸印（脇のとじ始め位置）
■ =こげ茶　Q =ねじり増し目

## G PAGE 14 15 北欧風の編込みネックウォーマー（花、葉っぱ）

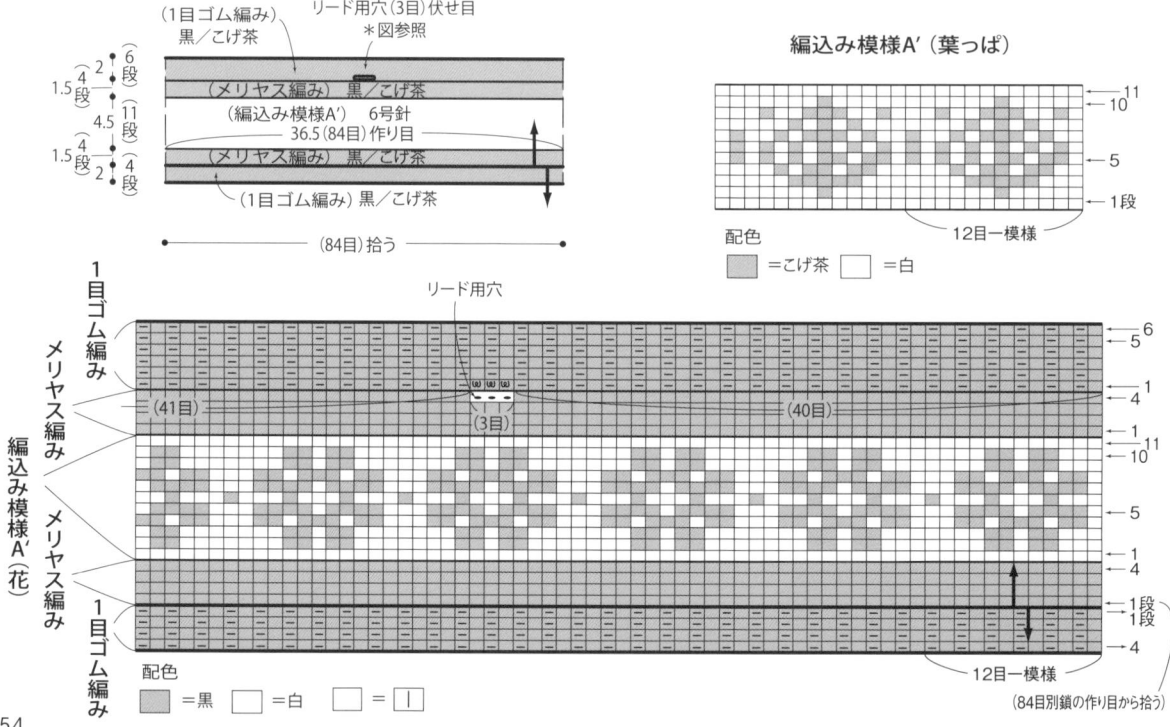

・編み方ポイント

別鎖の作り目をして拾い目し、4本針でメリヤス編み、編込み模様A'、メリヤス編みを輪編みにする。4段めのメリヤス編みでリード用の穴のための伏せ目を3目する。続けて1目ゴム編みを図のように巻き増し目しながら編み、編終りは1目ゴム編み止めにする。別鎖をほどいて拾い目し、1目ゴム編みを編み、編終りは1目ゴム編み止めにする。

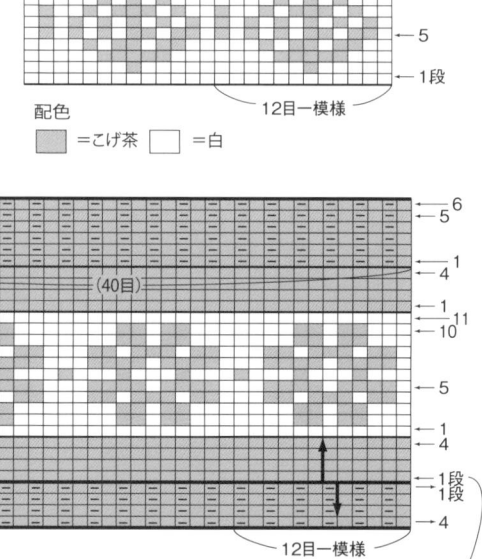

編込み模様A'（葉っぱ）

配色
■ =こげ茶　□ =白

★首輪のサイズより8〜10cmプラスしてゆったりめに作る

(1目ゴム編み) 黒／こげ茶
リード用穴(3目)伏せ目 ＊図参照
(メリヤス編み) 黒／こげ茶
(編込み模様A') 6号針
36.5(84目)作り目
(メリヤス編み) 黒／こげ茶
(1目ゴム編み) 黒／こげ茶
(84目)拾う

1目ゴム編み
メリヤス編み
編込み模様A'（花）
メリヤス編み
1目ゴム編み

リード用穴
(41目) (3目) (40目)
12目一模様
(84目別鎖の作り目から拾う)

配色
■ =黒　□ =白　□ = |

# J PAGE 20 ミックスボーダーのセーター (a) 長袖

- **編み糸** リッチモア パーセント
  杢グレー (97)・ターコイズ (25) 各25g、白 (2) 20g、
  灰味青紫 (55)・若草色 (23) 各15g、群青色 (49) 10g
- **用具** 6号棒針 (2本、4本)
- **ゲージ** メリヤス編み縞、メリヤス編みともに19.5目26.5段が10cm四方

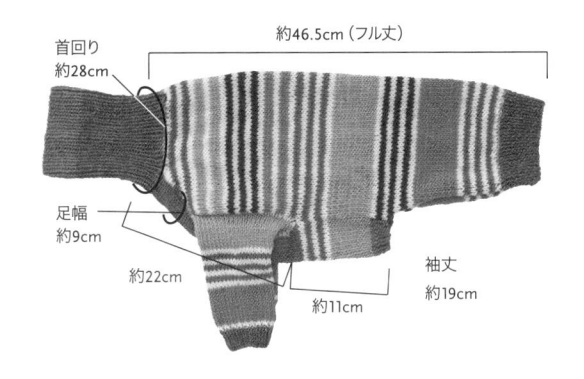

### 編み方ポイント

背中は別鎖の作り目をして拾い目し、編始めから7段の間に両脇で各3目増し目をする。袖ぐりは伏せ目、両肩は引返し編みをする。首の中央の4目を伏止めにし、両サイドの目は休み目にする。裾は別鎖をほどきながら拾い目し、1目ゴム編みを編み、編終りは1目ゴム編み止めをする。

おなかは指にかける作り目をし、裾の1目ゴム編みから編み始める。背中とおなかの脇はすくいとじ、肩は目と段のはぎで合わせる。

衿は背中の中心の伏止め部分で針に巻き増し目を4目して全体で60目拾い目し、4本針で1目ゴム編み縞を輪に編み、編終りは1目ゴム編み止めにする。

袖は袖ぐりから拾い目し、4本針でメリヤス編み縞を輪に編む。4段ごとに編始めと編終りを2目一度して減し目をする。続けて1目ゴム編みを編み、編終りは1目ゴム編み止めにする。

### モデル犬のサイズ

A背丈=46.5cm、B首周り=28cm、C胴回り=48cm、D胸=22cm、
E脇=11cm、F足幅=8cm

### サイズ調整のポイント

* 着丈が40cm以上の場合は、
  aを基本にⒶのボーダーを増減して調整する。
  40cm以下の場合は、bを基本にⒷのボーダーを繰り返す。
* おなかは背中とはぎ合わせる部分のみ、
  ボーダーの色を合わせる。
* 衿は約7:3の比率を目安に緑の色を替える。
* 袖は長袖はa、半袖はbを参照して、好みの長さにする。
  袖ぐりにゴム編みだけでもOK。

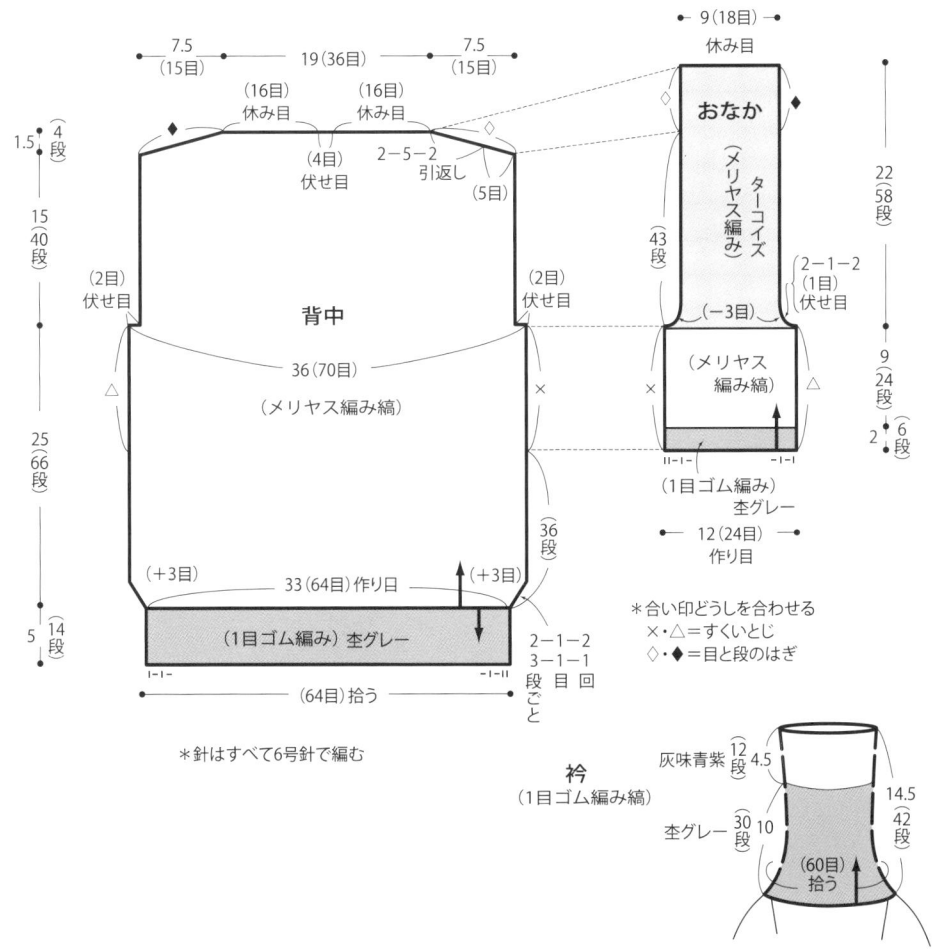

★ メリヤス編み縞の配色、袖の編み方は57ページ

## J PAGE 20 ミックスボーダーのセーター (b) 半袖

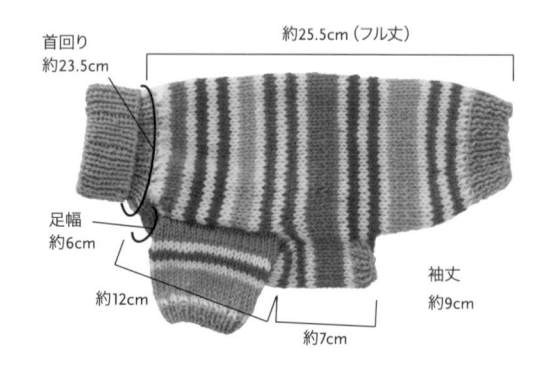

- ・編み糸　リッチモア　パーセント
  - ライトグレー(96) 1・赤紫(60) 各10g、白(2)・ピンク(67)・れんが色(115)・濃いピンク (114) 各7g
- ・用具　6号棒針 (2本、4本)
- ・ゲージ　メリヤス編み縞、メリヤス編みともに19.5目26.5段が10cm四方

・編み方ポイント

背中は別鎖の作り目をして拾い目し、編始めから7段の間に両脇で各3目増し目をする。袖ぐりは伏せ目、両肩は引返し編みをする。首の中央の2目を伏止めにし、両サイドの目は休み目にする。裾は別鎖をほどきながら拾い目し、1目ゴム編みを編み、編終りは1目ゴム編み止めをする。

おなかは指にかける作り目をし、裾の1目ゴム編みから編み始める。背中とおなかの脇はすくいとじ、肩は目と段のはぎで合わせる。

衿は背中の中心の伏止め部分で針に巻き増し目を2目して全体で46目拾い目し、4本針で1目ゴム編み縞を輪に編み、編終りは1目ゴム編み止めにする。

袖は袖ぐりから拾い目し、4本針でメリヤス編み縞を輪に編む。4段ごとに編始めと編終りを2目一度して減し目をする。続けて1目ゴム編みを編み、編終りは1目ゴム編み止めにする。

### モデル犬のサイズ
A背丈=25.5cm、B首回り=23.5cm、C胴回り=33.5cm、
D胸=12cm、E脇=7cm、F足幅=5cm

**サイズ調整のポイント**

＊着丈が40cm以上の場合は、aを基本にⒶのボーダーを増減。
　40cm以下の場合は、bを基本にⒷのボーダーを繰り返す。
＊おなかは背中とはぎ合わせる部分のみ、
　ボーダーの色を合わせる。
＊衿は約7:3の比率を目安に縁の色を替える。
＊袖は長袖はa、半袖はbを参照して、好みの長さにする。
　袖ぐりにゴム編みだけでもOK。

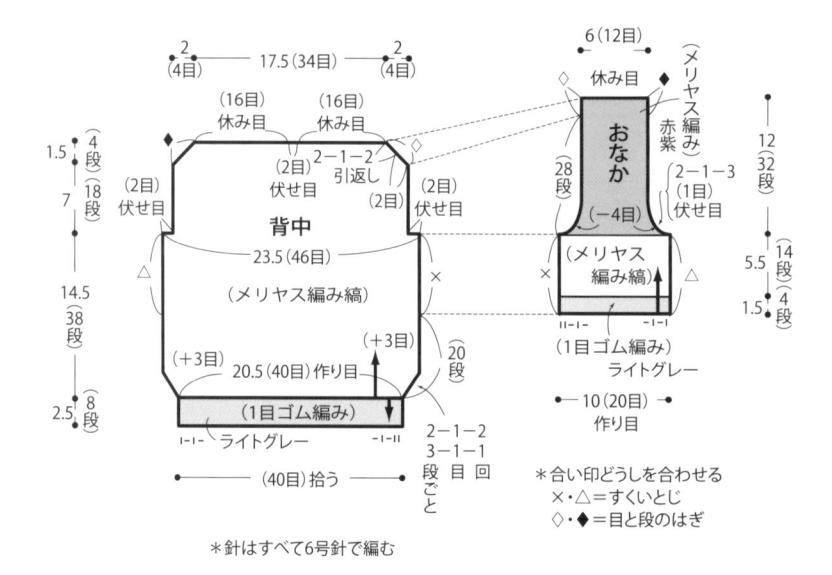

＊針はすべて6号針で編む
＊合い印どうしを合わせる
×・△＝すくいとじ
◇・◆＝目と段のはぎ

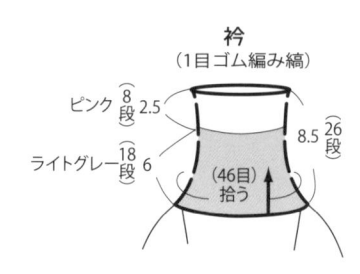

★メリヤス編み縞の配色、袖の編み方は57ページ

## J ミックスボーダーのセーター (a,b) 配色と袖の編み方

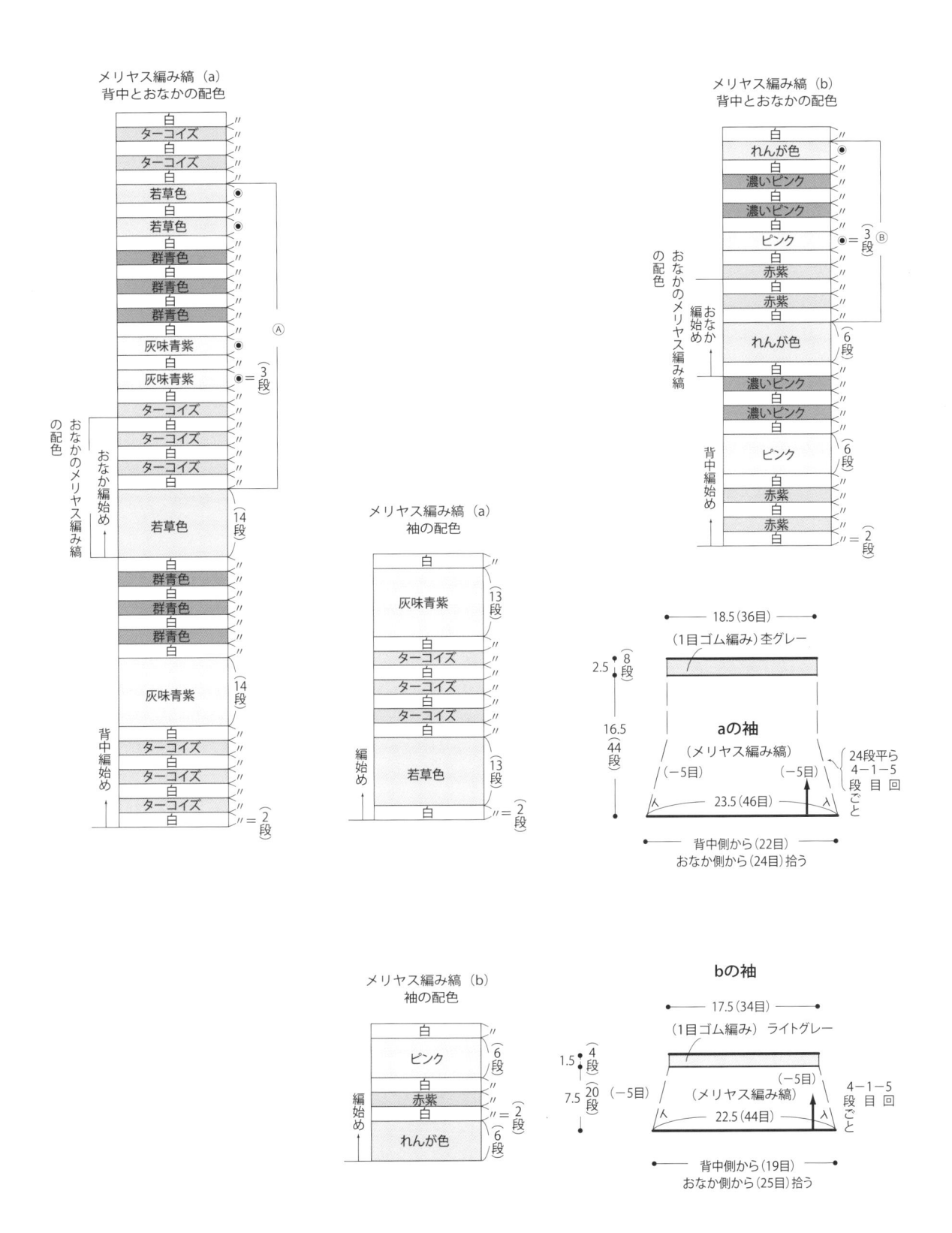

### メリヤス編み縞（a）背中とおなかの配色

|  |  |
|---|---|
| | 白 |
| | ターコイズ |
| | 白 |
| | ターコイズ |
| | 白 |
| | 若草色 |
| | 白 |
| | 若草色 |
| | 白 |
| | 群青色 |
| | 白 |
| | 群青色 |
| | 白 |
| | 群青色 |
| | 白 |
| | 灰味青紫 |
| | 白 |
| | 灰味青紫 |
| | 白 |
| | ターコイズ |
| | 白 |
| | ターコイズ |
| | 白 |
| | ターコイズ |

Ⓐ = 3段

おなかのメリヤス編み縞の配色

| | |
|---|---|
| 若草色 | 14段 |
| 白 | |
| 群青色 | |
| 白 | |
| 群青色 | |
| 白 | |
| 群青色 | |
| 白 | |
| 灰味青紫 | 14段 |
| 白 | |
| ターコイズ | |
| 白 | |
| ターコイズ | |
| 白 | |
| ターコイズ | |

背中編み始め　= 2段

### メリヤス編み縞（a）袖の配色

| | |
|---|---|
| 白 | 13段 |
| 灰味青紫 | |
| 白 | |
| ターコイズ | |
| 白 | |
| ターコイズ | |
| 白 | |
| ターコイズ | |
| 白 | 13段 |
| 若草色 | |
| 白 | |

編み始め　= 2段

### メリヤス編み縞（b）背中とおなかの配色

| | |
|---|---|
| 白 | |
| れんが色 | |
| 白 | |
| 濃いピンク | |
| 白 | |
| 濃いピンク | |
| 白 | |
| ピンク | |
| 白 | |
| 赤紫 | |
| 白 | |
| 赤紫 | |
| 白 | |

Ⓑ = 3段

おなかのメリヤス編み縞の配色

| | |
|---|---|
| れんが色 | 6段 |
| 白 | |
| 濃いピンク | |
| 白 | |
| 濃いピンク | |
| 白 | |
| ピンク | 6段 |
| 白 | |
| 赤紫 | |
| 白 | |
| 赤紫 | |
| 白 | |

背中編み始め　= 2段

### aの袖

- 18.5（36目）
- （1目ゴム編み）杢グレー
- 2.5 / 8段
- 16.5（44段）
- （メリヤス編み縞）
- （−5目）　（−5目）
- 23.5（46目）
- 24段平ら 4−1−5 段目 回 ごと
- 背中側から（22目）おなか側から（24目）拾う

### メリヤス編み縞（b）袖の配色

| | |
|---|---|
| 白 | 6段 |
| ピンク | |
| 白 | |
| 赤紫 | 2段 |
| 白 | |
| れんが色 | 6段 |

編み始め

### bの袖

- 17.5（34目）
- （1目ゴム編み）ライトグレー
- 1.5 / 4段
- 7.5 / 20段
- （−5目）　（−5目）
- （メリヤス編み縞）
- 22.5（44目）
- 4−1−5 段目 回 ごと
- 背中側から（19目）おなか側から（25目）拾う

# H PAGE 16 ケーブルのセーター＆腹巻き

- 編み糸　ホビーラホビーレ　ウールスイート
  セーター＝れんが色（13）95g、こげ茶（15）5g
  腹巻き＝水色（06）35g、こげ茶（15）少々
- 用具　7号棒針（2本、4本）
- ゲージ　模様編み23目27.5段が10cm四方
- サイズ　腹巻き＝腹回り42.5cm、丈19cm

・編み方ポイント

[セーター]
背中は別鎖の作り目をして拾い目し、編始めから7段の間に両脇で各3目増し目をする。袖ぐりは伏せ目、両肩は引返し編みをする。首の中央の2目を伏止めにし、両サイドの目は休み目にする。裾は別鎖をほどきながら拾い目し、2目ゴム編み縞を編み、編終りはこげ茶で2目ゴム編み止めをする。
おなかは別鎖の作り目をし、模様編みを編む。裾の2目ゴム編み縞を編み、編終りはこげ茶で2目ゴム編み止めをする。背中とおなかの脇はすくいとじ、肩は目と段のはぎで合わせる。
衿は背中の中心の伏せ止め部分で針に巻き増し目を2目して全体で76目拾い目し、4本針で2目ゴム編み縞を輪に編み、編終りはこげ茶で2目ゴム編み止めにする。

[腹巻き]
別鎖の作り目をして拾い目し、4本針で模様編みを輪編みにする。続けて上側の2目ゴム編み縞Aを編む。裾側は別鎖をほどきながら拾い目し、2目ゴム編み縞Bを編み、編終りは2目ゴム編み止めをする。

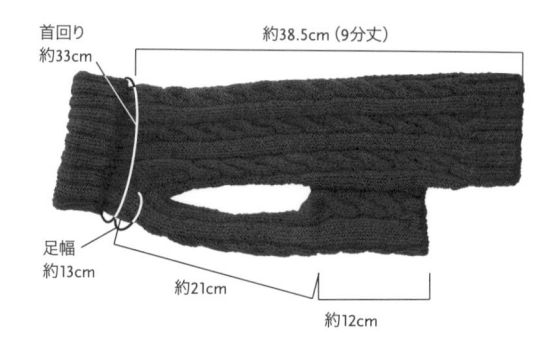

### モデル犬のサイズ

A背丈＝42.5cm、B首回り＝33cm、C胴回り＝50cm、D胸＝21cm、E脇＝12cm、F足幅＝12cm

サイズ調整のポイント
＊胴回りを微調整する場合は、両端のメリヤス編みを増減する。
　大きく調整する場合は、模様編みⒶの増減で調整する。

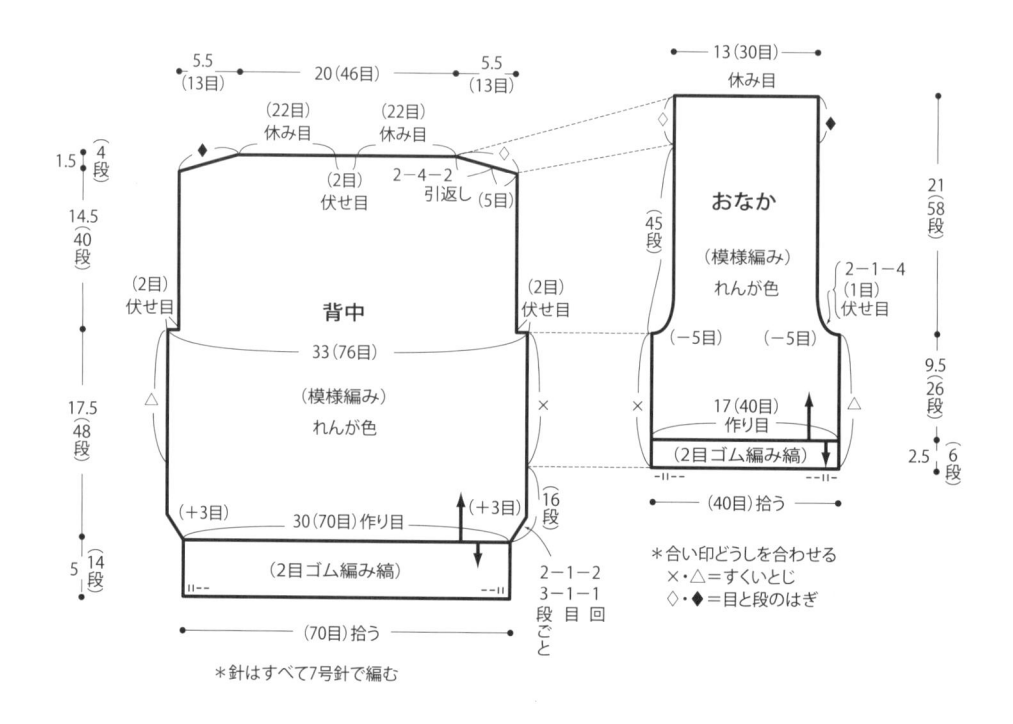

## 衿
（2目ゴム編み縞）

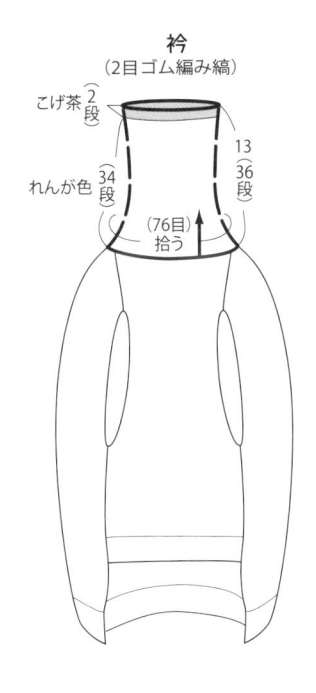

- こげ茶 2段
- れんが色 34(36)段
- 13(36)
- （76目）拾う

### 2目ゴム編み縞（背中）
- こげ茶 2段
- れんが色 12段

### 2目ゴム編み縞（おなか）
- こげ茶 2段
- れんが色 4段

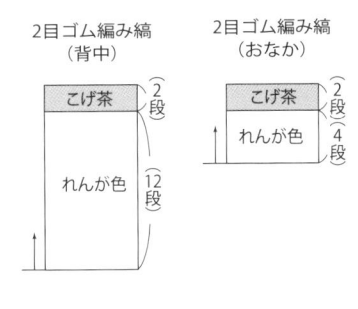

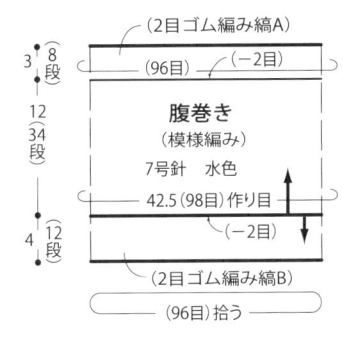

## 2目ゴム編み

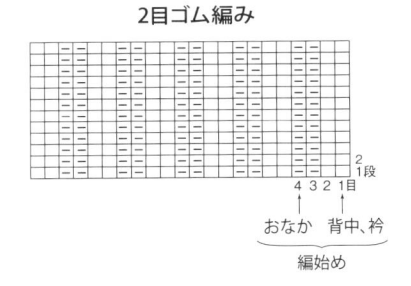

4 3 2 1目　1段　2段
おなか　背中、衿
編始め

## 腹巻き
（模様編み）
7号針　水色

- （2目ゴム編み縞A）（96目）（−2目）3(8)段
- 12(34)段
- 42.5(98目)作り目
- （−2目）4(12)段
- （2目ゴム編み縞B）
- （96目）拾う

### 2目ゴム編み縞B
- こげ茶 2段
- 水色 10段

### 2目ゴム編み縞A
- こげ茶 2段
- 水色 6段

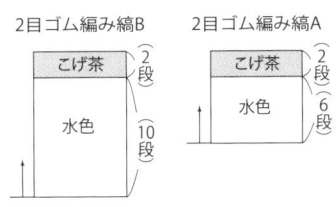

## 模様編み

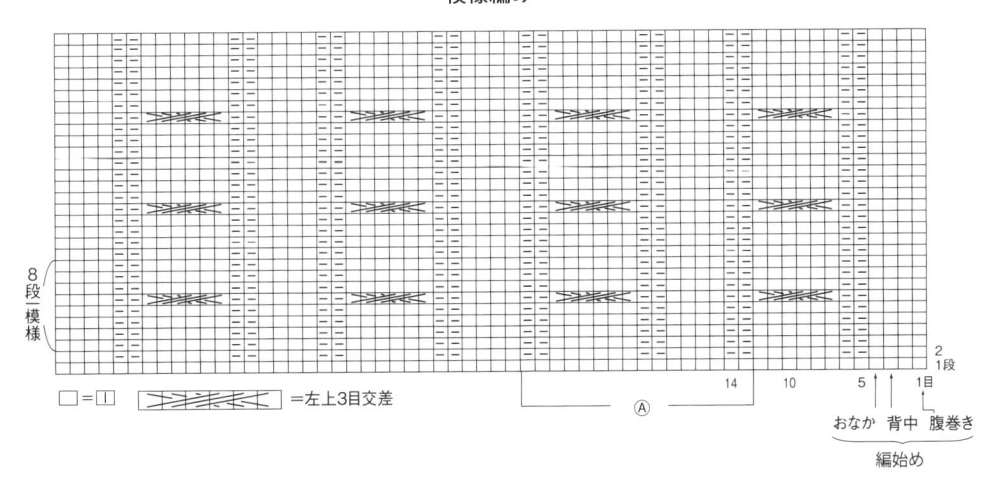

□=｜　=左上3目交差

8段模様

1目 5 10 14　1段 2段
おなか　背中　腹巻き
編始め

Ⓐ

59

# PAGE 17 ケーブルのポンチョ

- **編み糸** ハマナカ ソノモノアルパカウール
  茶色（43）80g、生成り（41）5g
- **その他** 長さ2cmのボタン3個
- **用具** 8号棒針（2本）
- **ゲージ** 模様編み21.5目23段、かのこ編み20目23段が10cm四方

**編み方ポイント**

本体は別鎖の作り目をして拾い目し、図のようにかのこ編みと模様編みを配置してあき止めまで編む。あき止めからはかのこ編みの6目、模様編みの26目、かのこ編みの6目と3ブロックに分けてそれぞれ編む。編終りは休み目にする。

首は休み目にしていたかのこ編みから拾い始め、模様編み、かのこ編みと目を拾って1目ゴム編みを編む。編終りは1目ゴム編み止めをする。

裾は別鎖をほどきながら拾い目し、1目ゴム編みを編み、編終りは1目ゴム編み止めをする。

首のベルト、裾のベルトは図の位置からそれぞれ拾い目し、模様編みを編む。1目ゴム編みは糸を替えて編み、途中でボタンホールをあける。編終りは1目ゴム編み止めをする。

**まとめ** ボタンを縫いつける。

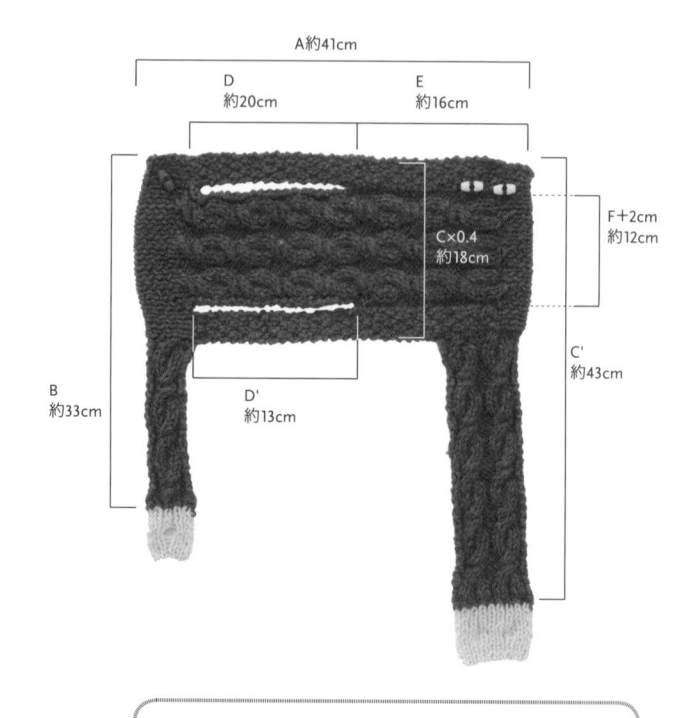

### 寸法図

A 約41cm、D 約20cm、E 約16cm、B 約33cm、C' 約43cm、D' 約13cm、C×0.4 約18cm、F+2cm 約12cm

### モデル犬のサイズ

A背丈=46cm、B首回り=33cm、C胴回り=45cm、C'後ろ胴回り=43cm、D胸=20cm、D'胸（背側）=13cm、E脇=16cm、F足幅=10cm

**サイズ調整のポイント**

- 本体の着丈は、カバーしたい長さ（または幅）をはかる。
- 首と裾のベルトは、首回りBと後ろ胴回りC'の寸法から本体の幅を引いた長さ+1目ゴム編み部分で決める。
- 幅は模様編みⒶ、またはメリヤス編みⒷで調整する。

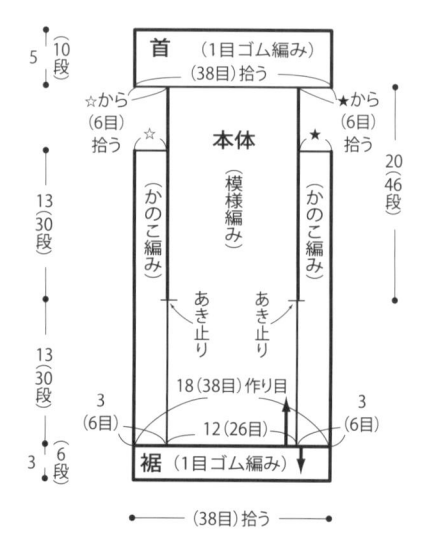

### 本体

首（1目ゴム編み）（38目）拾う 5(10段)
☆から（6目）拾う、★から（6目）拾う
かのこ編み／模様編み／かのこ編み
20(46段)
13(30段)
あき止り
18(38目)作り目
12(26目)
3(6目) / 3(6目)
13(30段)
3(6段)
裾（1目ゴム編み）（38目）拾う

### 裾のベルト

（1目ゴム編み）生成り 5(10段)
ボタンホール *図参照
（模様編み）25(58段)
8.5(18目)
（6目）拾う（12目）拾う

### 首のベルト

（1目ゴム編み）生成り 5(10段)
ボタンホール *図参照
（模様編み）15(34段)
5(10目)拾う

*指定以外は茶色の糸で編む

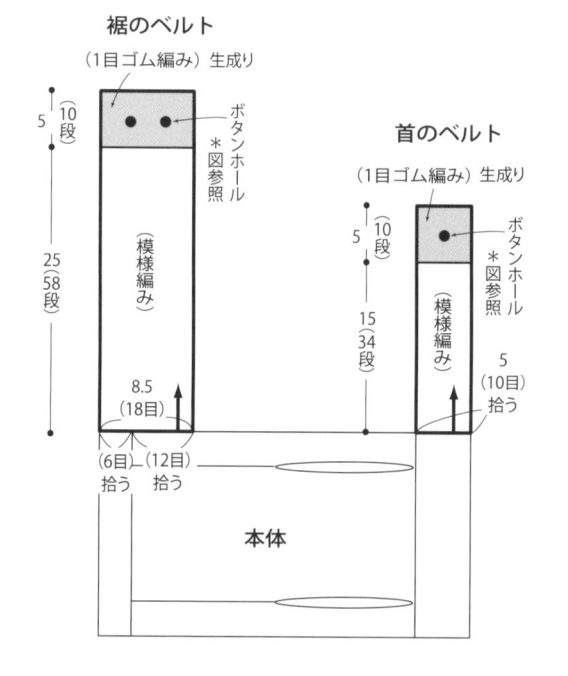

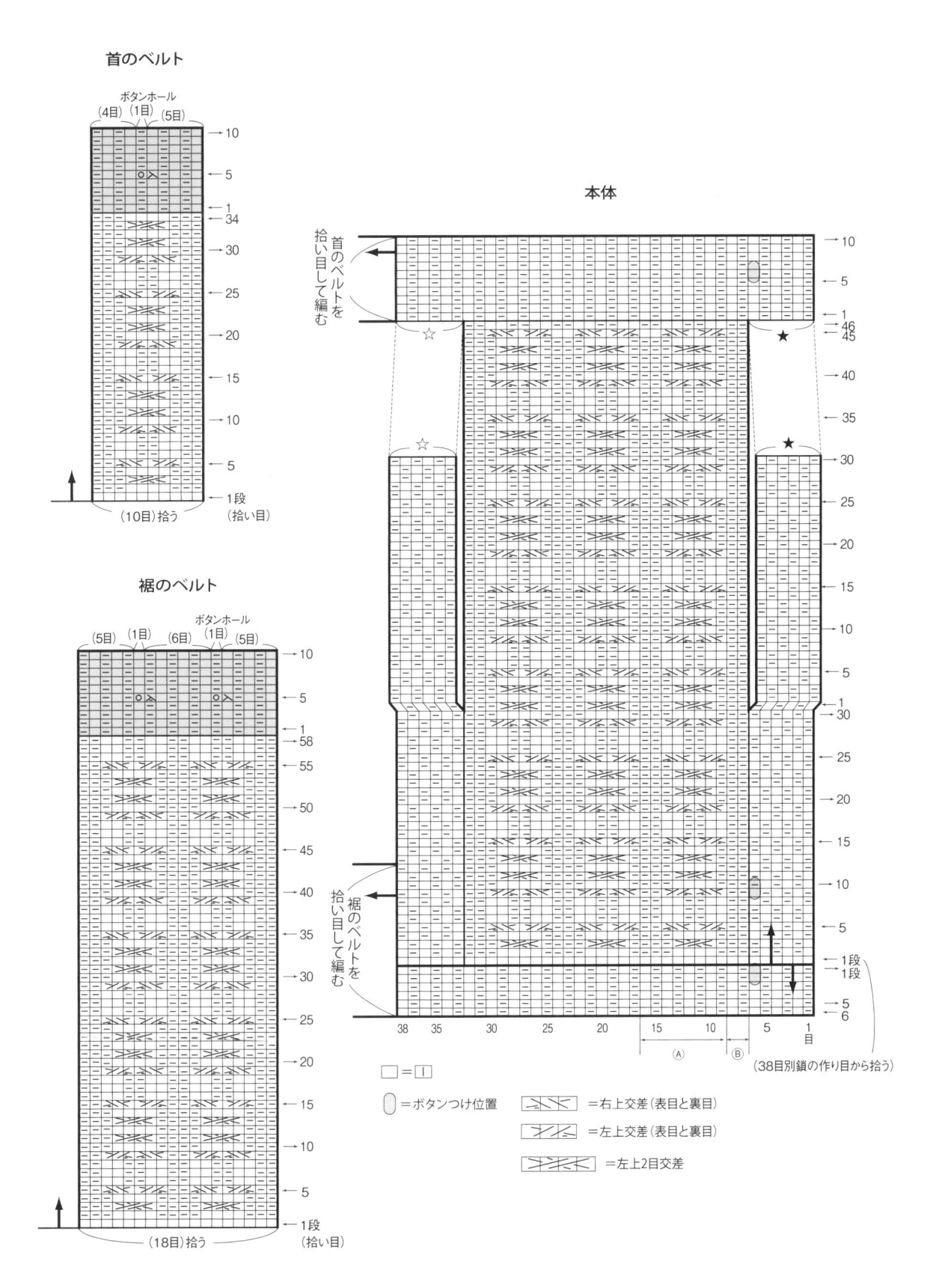

首のベルト

本体

裾のベルト

□ = □
○ = ボタンつけ位置
= 右上交差（表目と裏目）
= 左上交差（表目と裏目）
= 左上2目交差

# K PAGE 21 しましまモヘアのセーター (b)

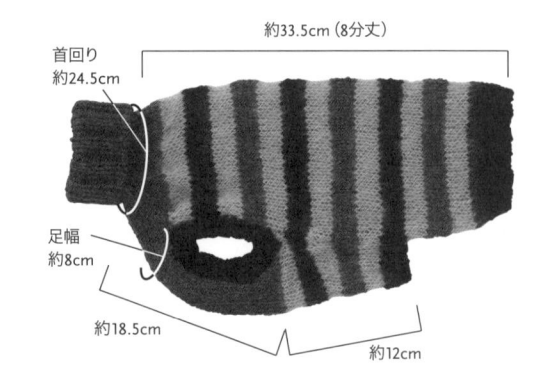

- **編み糸** パピー　キッドモヘアファイン
  若草色 (29) 10g
  パピー　シェットランド　グレー (31) 35g、ネービー (20) 30g
- **用具** 7号棒針 (2本、4本)、6号棒針 (4本)
- **ゲージ** メリヤス編み縞、メリヤス編みともに17.5目24段が10cm四方

- **編み方ポイント**

キッドモヘアファインは2本どりで編む。

背中は別鎖の作り目をして拾い目し、編始めから7段の間に両脇で各3目増し目をする。袖ぐりは伏せ目、両肩は引返し編みをする。首の中央の2目を伏止めにし、両サイドの目は休み目にする。裾は別鎖をほどきながら拾い目し、2目ゴム編みを編む。編終わりは2目ゴム編み止めにする。

おなかは指にかける作り目をし、図のように編む。背中とおなかの脇はすくいとじ、肩は目と段のはぎで合わせる。

衿は背中の中心で針に巻き増し目を2目して全体で40目拾い目し、4本針で2目ゴム編みを輪に編み、編終わりは2目ゴム編み止めにする。

袖口は拾い目して4本針で輪編みにする。編終わりは2目ゴム編み止めにする。

### モデル犬のサイズ

A背丈=42cm、B首回り=24.5cm、C胴回り=42.5cm、
D胸=18.5cm、E脇=12cm、F足幅=7cm

### サイズ調整のポイント

＊着丈はボーダーの段数で増減する。
＊おなかは背中とはぎ合わせる部分のみ、ボーダーの色を合わせる。

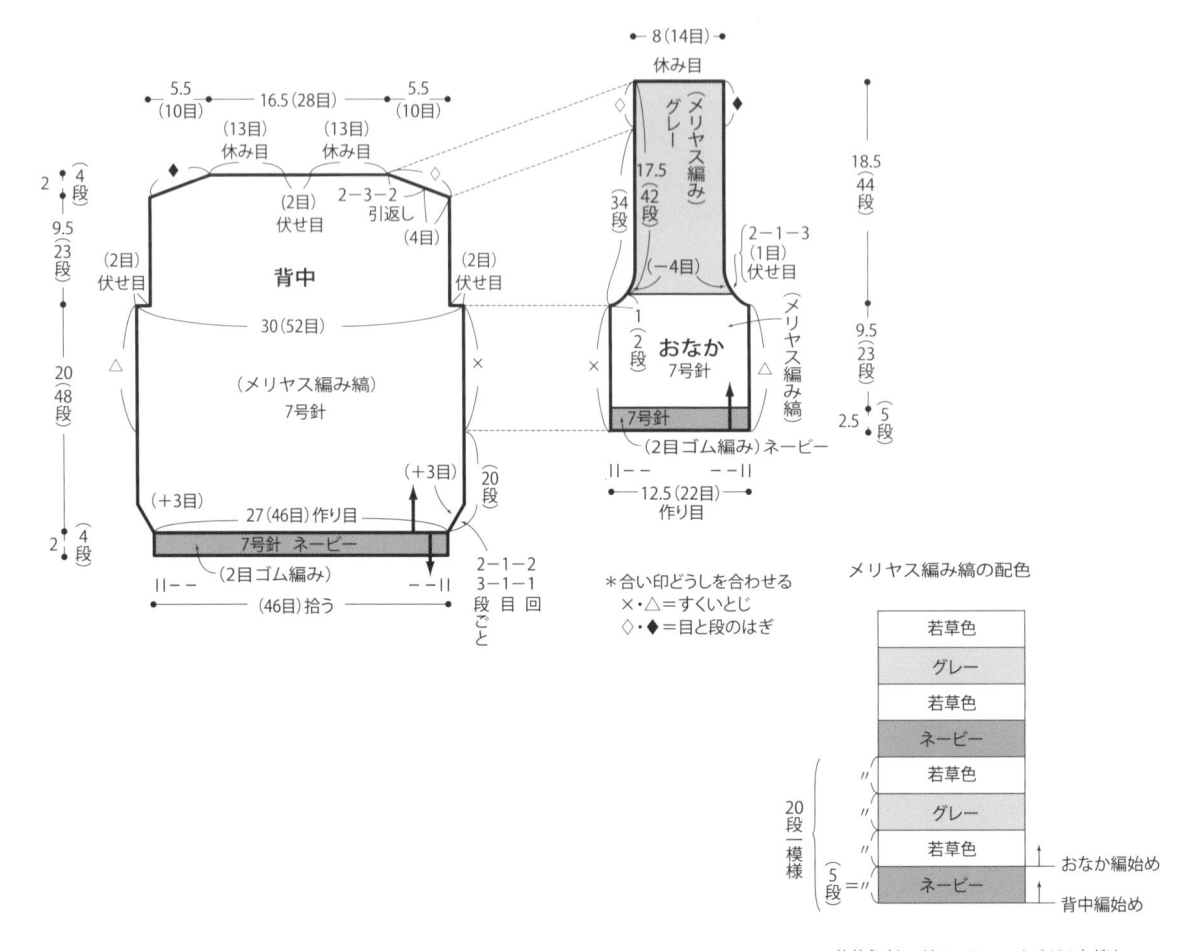

＊合い印どうしを合わせる
×・△＝すくいとじ
◇・◆＝目と段のはぎ

メリヤス編み縞の配色

| 若草色 |
| グレー |
| 若草色 |
| ネービー |
| 若草色 |
| グレー |
| 若草色 |
| ネービー |

20段一模様（5段＝"）
おなか編始め
背中編始め

＊若草色(キッドモヘアファイン)は2本どり

衿
(2目ゴム編み)
7号針 グレー

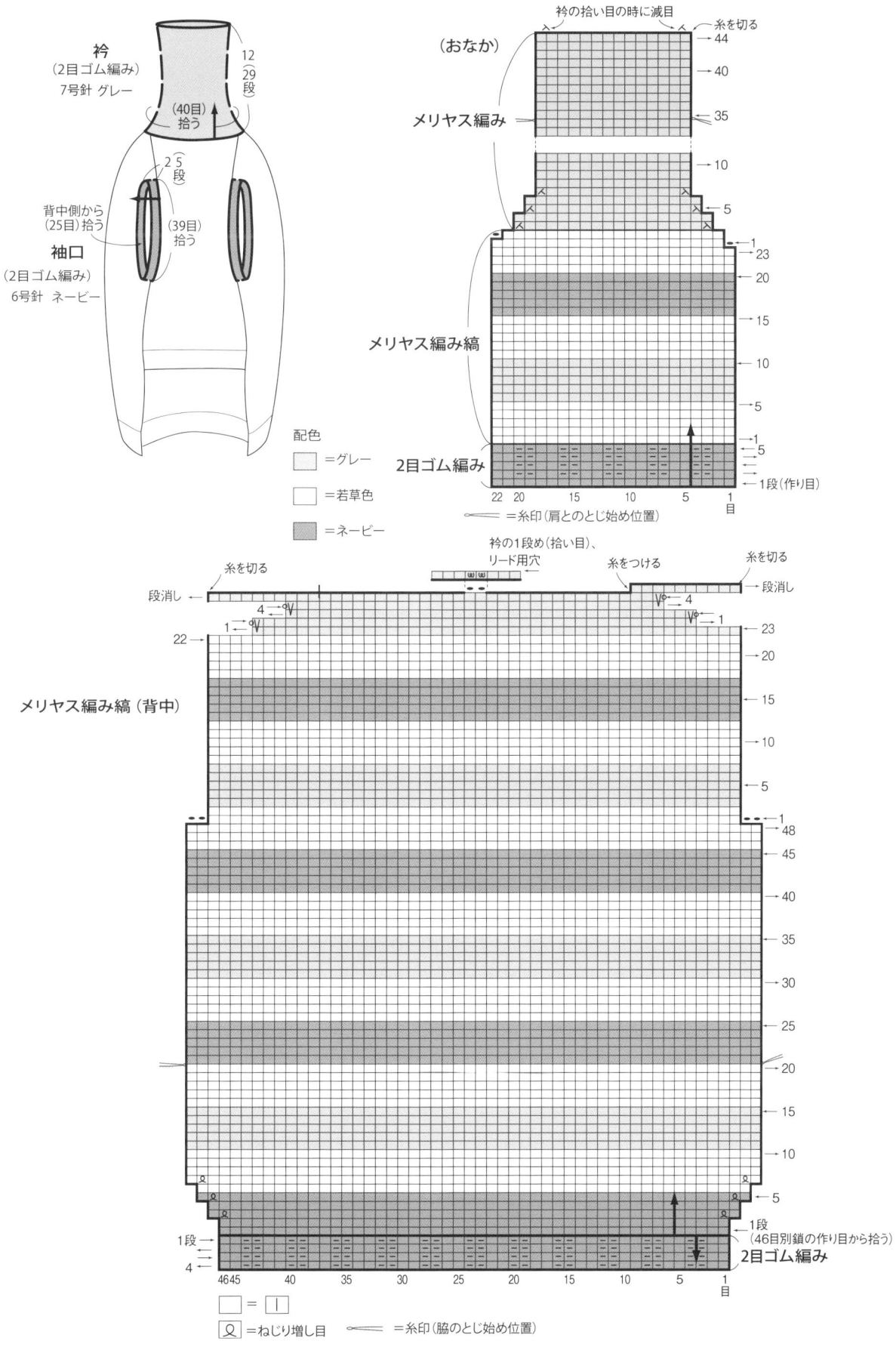

(40目)拾う

12(29段)

2(5段)

背中側から
(25目)拾う

(39目)拾う

袖口
(2目ゴム編み)
6号針 ネービー

配色
□=グレー
□=若草色
■=ネービー

(おなか)

衿の拾い目の時に減目

糸を切る

メリヤス編み

メリヤス編み縞

2目ゴム編み

=糸印(肩とのとじ始め位置)

衿の1段め(拾い目)、
リード用穴

糸を切る    糸をつける    糸を切る
段消し                              段消し

メリヤス編み縞(背中)

2目ゴム編み

1段
(46目別鎖の作り目から拾う)

□=|
Ω=ねじり増し目    =糸印(脇のとじ始め位置)

# K PAGE 21 しましまモヘアのセーター (a)

- **編み糸** パピー　キッドモヘアファイン
  パープル (47) 15g
  パピー　シェットランド
  ライトグレー (30) 35g、朱色 (25) 30g
- **用具** 7号棒針 (2本、4本)、6号棒針 (4本)
- **ゲージ** メリヤス編み縞、メリヤス編みともに17.5目24段が10cm四方

- **編み方ポイント**

キッドモヘアファインは2本どりで編む。
背中は別鎖の作り目をして拾い目し、編始めから7段の間に両脇で各3目増し目をする。袖ぐりは伏せ目、両肩は引返し編みをする。首の中央の2目を伏止めにし、両サイドの目は休み目にする。裾は別鎖をほどきながら拾い目し、2目ゴム編みを編む。編終りは2目ゴム編み止めにする。
おなかは指にかける作り目をし、図のように編む。背中とおなかの脇はすくいとじ、肩は目と段のはぎで合わせる。
衿は背中の中心で針に巻き増し目を2目して全体で40目拾い目し、4本針で2目ゴム編みを輪に編み、編終りは2目ゴム編み止めにする。
袖口は拾い目して4本針で輪に編む。編終りは2目ゴム編み止めにする。

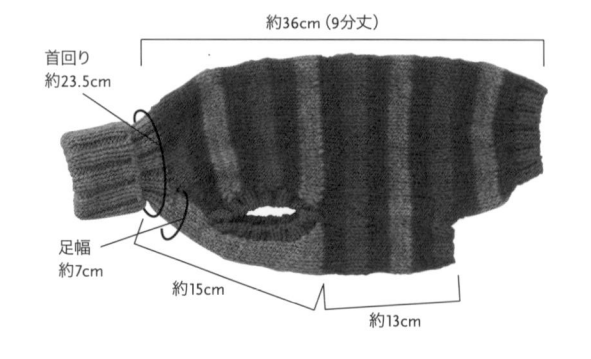

### モデル犬のサイズ

A背丈=40cm、B首回り=23.5cm、C胴回り=42.5cm、
D胸=15cm、E脇=13cm、F足幅=6cm

**サイズ調整のポイント**
*着丈はボーダーの段数で増減する。
*おなかは背中とはぎ合わせる部分のみ、ボーダーの色を合わせる。

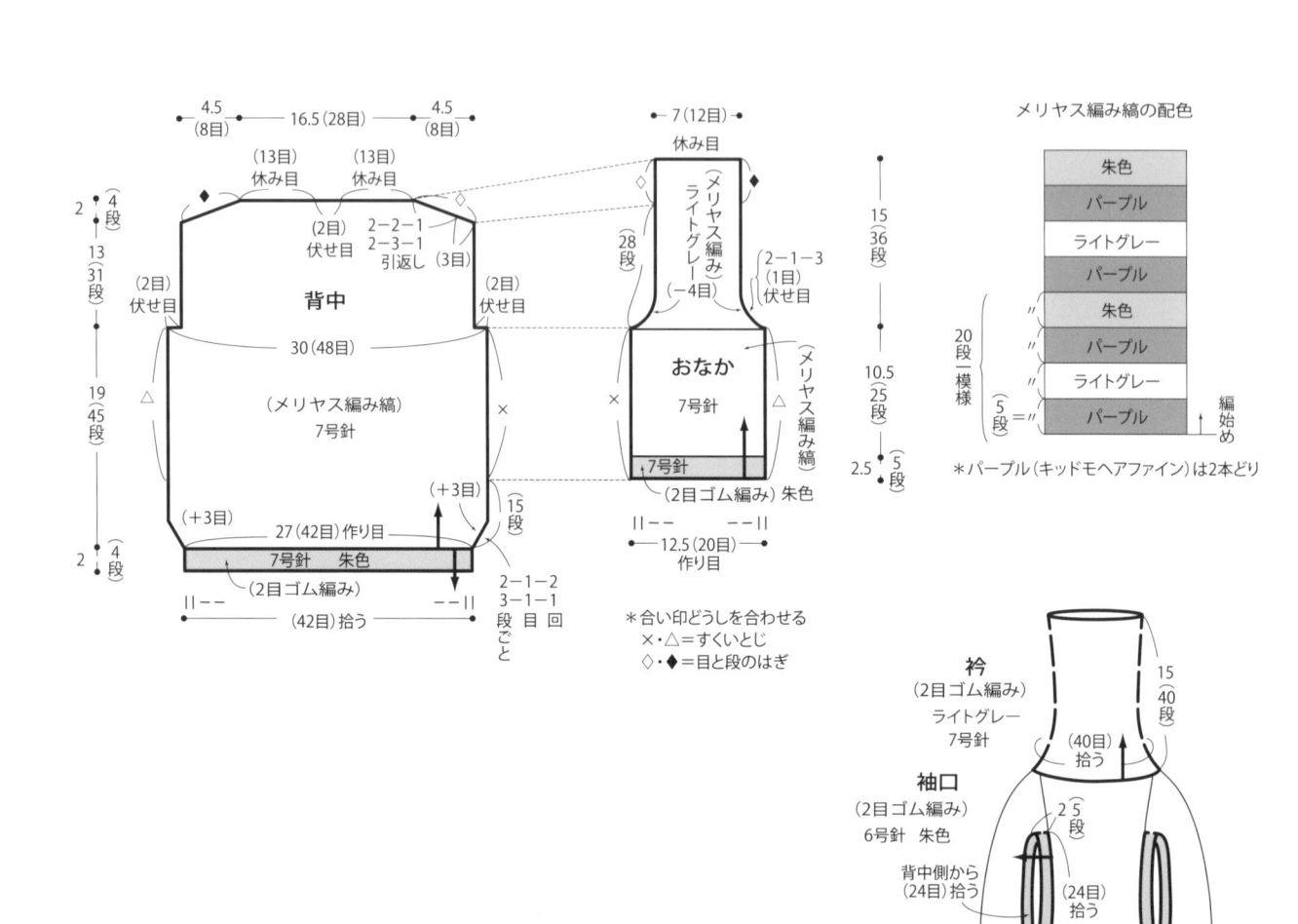

# M PAGE 24 ロピー風の編込みセーター (a) 半袖

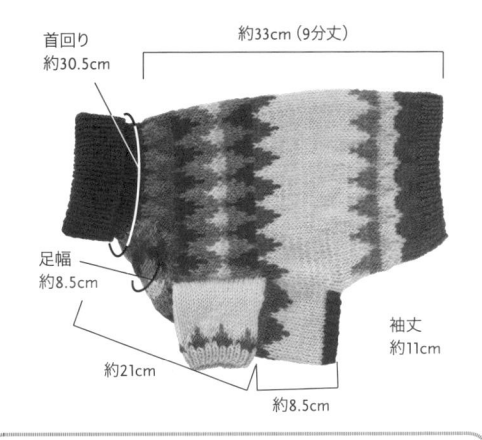

- 編み糸　リッチモア　スペクトルモデム〈ファイン〉
  生成り (302) 50g、ネービー (314) 35g、グレー (328) 25g、
  緑 (311) 20g、からし色 (309) 5g
- 用具　7号棒針 (2本、4本)
- ゲージ　編込み模様20目20段、メリヤス編み20目24段が10cm四方

・編み方ポイント

背中は別鎖の作り目をして拾い目し、編始めから7段の間に両脇で各3目増し目をする。袖ぐりは伏せ目、両肩は引返し編みをする。首の中央の3目を伏止めにし、両サイドの目は休み目にする。裾は別鎖をほどきながら拾い目し、1目ゴム編みを編む。編終りは1目ゴム編み止めにする。

おなかは指にかける作り目をし、図のように編む。背中とおなかの脇はすくいとじ、肩は目と段のはぎで合わせる。

衿は背中の伏止め部分で針に巻き増し目を3目して全体で60目拾い目し、4本針で1目ゴム編みを輪に編み、編終りは1目ゴム編み止めにする。

袖は拾い目して4本針で輪編みで減し目をしながら編む。続けて1目ゴム編みを編み、編終りは1目ゴム編み止めにする。

### モデル犬のサイズ

A背丈＝37cm、B首回り＝30.5cm、C胴回り＝56.5cm、D胸＝21cm、E脇＝8.5cm、F足幅＝7.5cm

### サイズ調整のポイント

＊着丈はⒶのメリヤス編み部分で増減する。
＊胴回りは、背中、おなかの模様編みを増減して調整する。
＊おなかの丈はⒷのメリヤス編み部分で増減する。
　背中とはぎ合わせる部分は、背中の模様に合わせる。
　柄を合わせにくい場合は、無地でもOK。

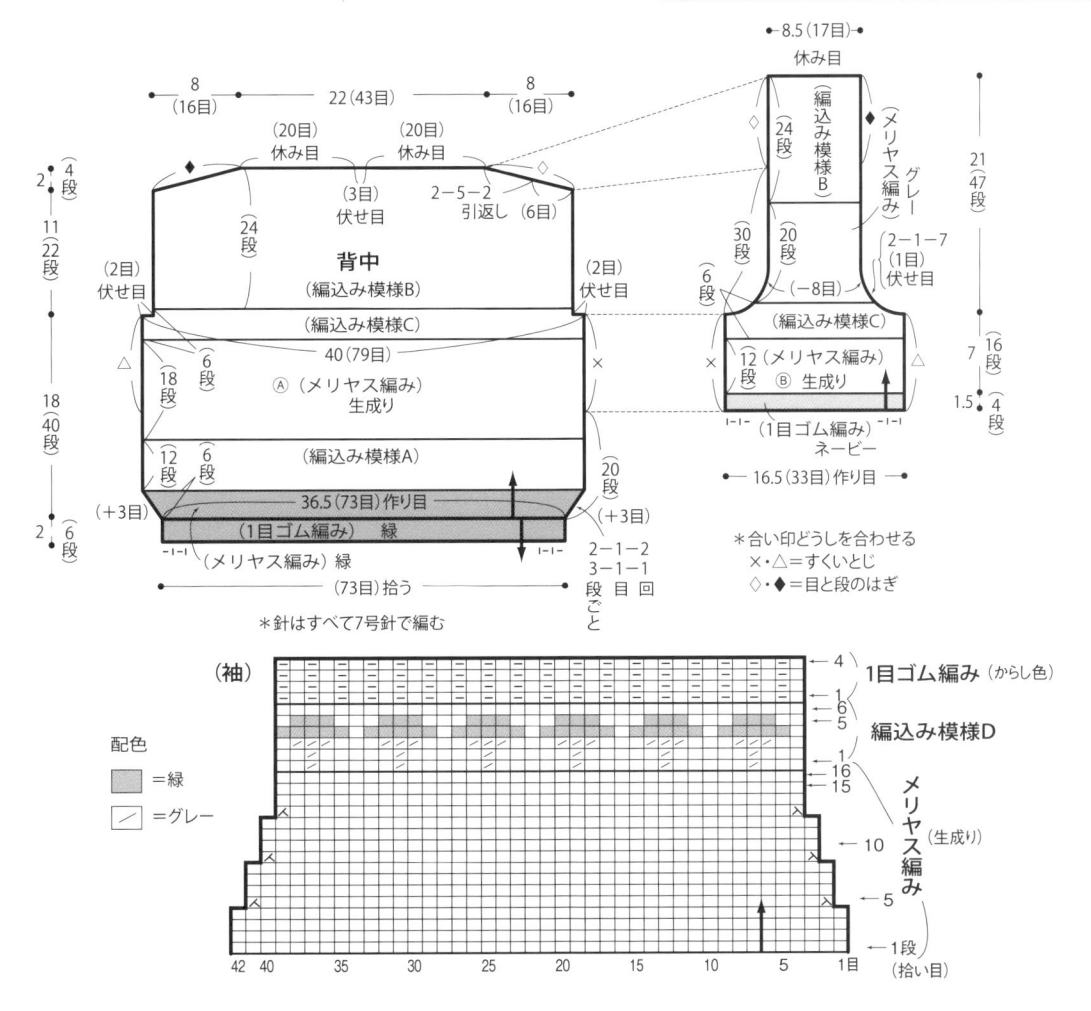

★編込み模様、袖の製図、衿、袖口は66ページ

66

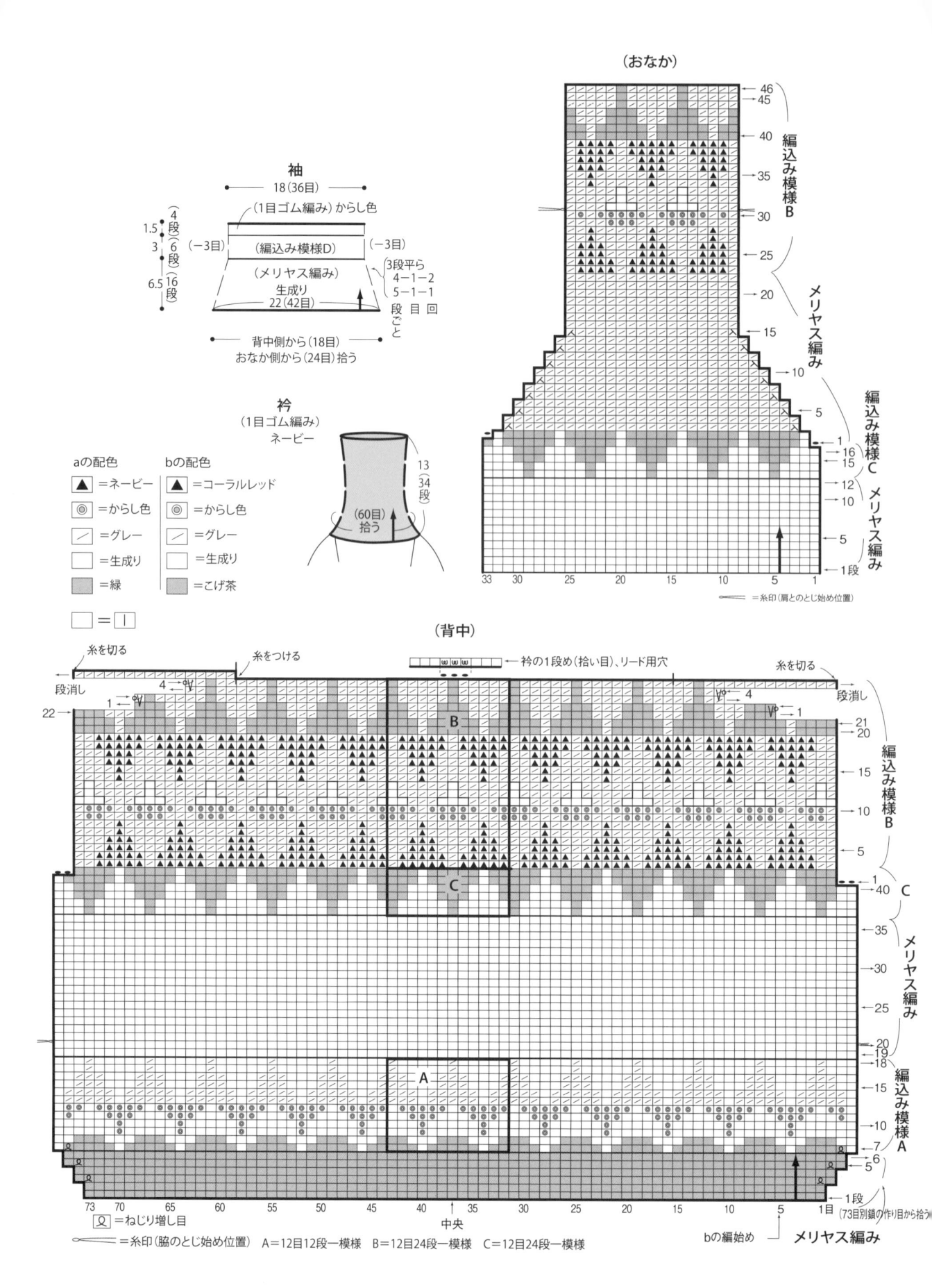

# M PAGE 25 ロピー風の編込みセーター (b) 袖なし

- **編み糸** リッチモア スペクトルモデム〈ファイン〉
  生成り (302) 45g、コーラルレッド (320) 30g、
  こげ茶 (327)・グレー (328) 各20g、からし色 (309) 10g
- **用具** 7号棒針 (2本、4本)
- **ゲージ** 編込み模様20目20段、メリヤス編み20目24段が10cm四方

- **編み方ポイント**

背中は別鎖の作り目をして拾い目し、編始めから7段の間に両脇で各3目増し目をする。袖ぐりは伏せ目、両肩は引返し編みをする。首の中央の3目を伏止めにし、両サイドの目は休み目にする。裾は別鎖をほどきながら拾い目し、裾の1目ゴム編みを編む。編終りは1目ゴム編み止めにする。
おなかは指にかける作り目をして、図のように編む。背中とおなかの脇はすくいとじ、肩は目と段のはぎで合わせる。
衿は背中の伏止め部分で針に巻き増し目を3目して全体で58目拾い目し、4本針で1目ゴム編みを輪に編み、編終りは1目ゴム編み止めにする。
袖は拾い目して4本針で輪編みにする。編終りは1目ゴム編み止めにする。

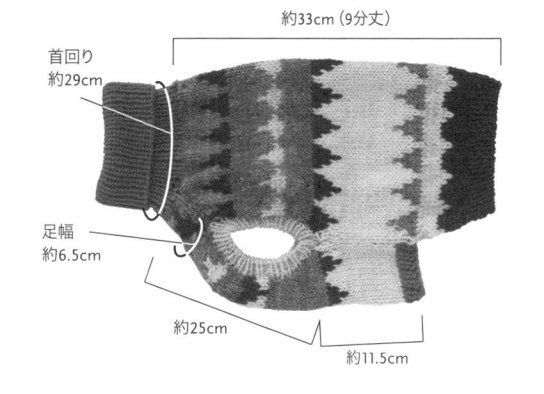

### モデル犬のサイズ

A背丈=37cm、B首回り=29cm、C胴回り=48cm、D胸=25cm、E脇=11.5cm、F足幅=5.5cm

### サイズ調整のポイント

＊着丈はⒶのメリヤス編み部分で増減する。
＊胴回りは、背中、おなかの模様編みを増減して調整する。
＊おなかの丈はⒷのメリヤス編み部分で増減する。
　背中とはぎ合わせる部分は、背中の模様に合わせる。
　柄を合わせにくい場合は、無地でもOK。

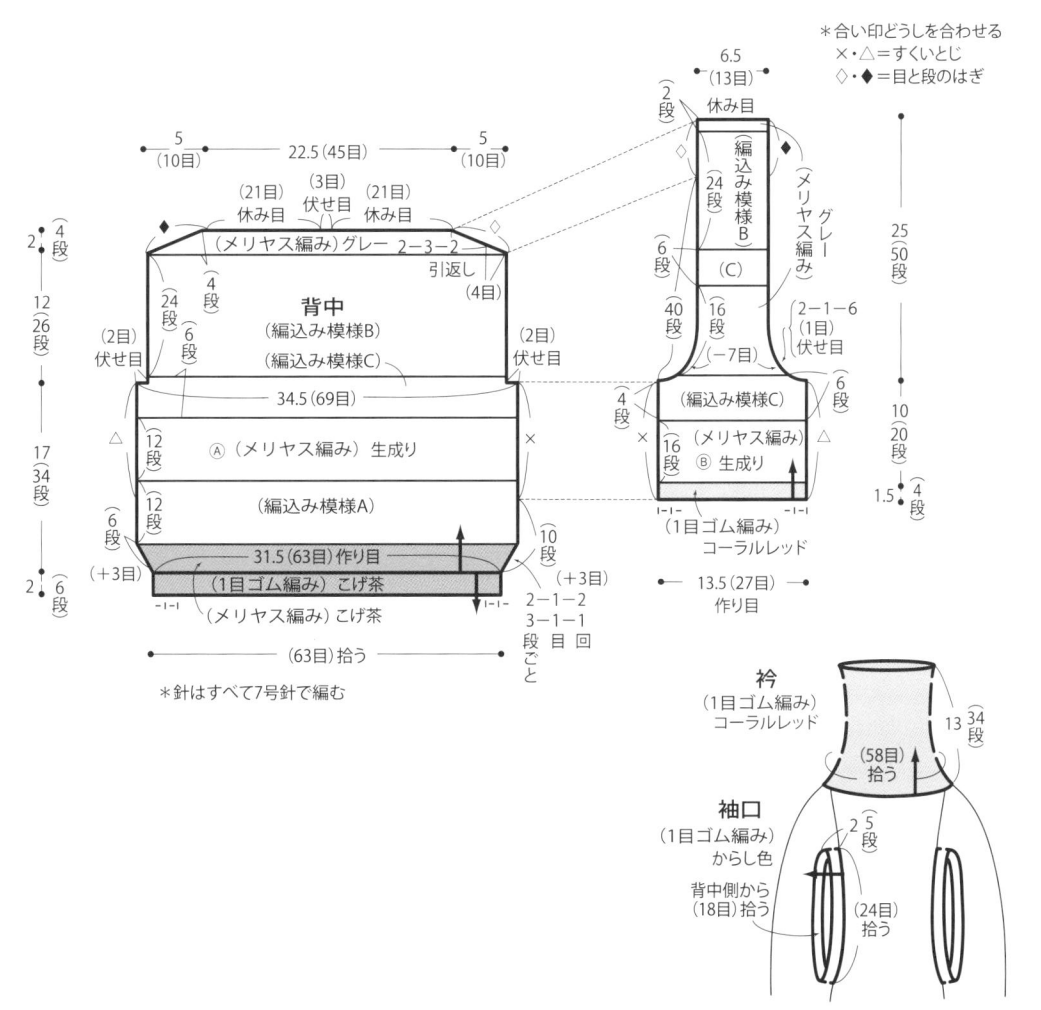

★編込み模様A、B、Cは66ページ

# L PAGE 22/23 アランのセーター＆マフラー

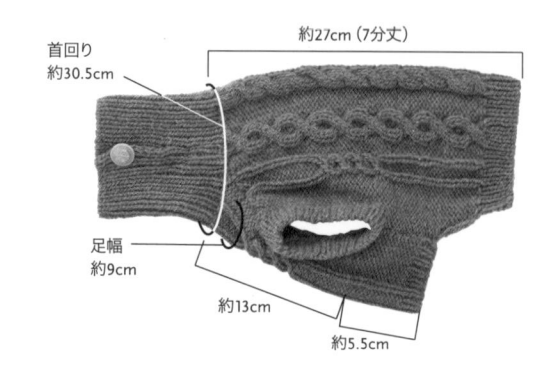

- **編み糸** リッチモア　カシミヤメリノ
  セーター＝aグレイッシュブルー（23）　b／ネービー（17）各85g
  マフラー＝aグレイッシュブルー（23）　b／ネービー（17）各25g
- **その他** 直径2cmのボタン1個
- **用具** 9号棒針（2本）、7号棒針（4本）
- **ゲージ** 模様編みA18.5目25段、模様編みB20目25段が10cm四方
- **サイズ** マフラー＝幅9cm、長さ45.5cm

- **編み方ポイント**

背中は別鎖の作り目をして拾い目し、編始めから7段の間に両脇で各3目増し目をする。袖ぐりは伏せ目、両肩は引返し編みをする。首の中央の2目を伏止めにし、両サイドの目は休み目にする。裾は別鎖をほどきながら拾い目し、1目ゴム編みを編む。編終りは1目ゴム編み止めにする。

おなかは指にかける作り目をし、図のように編む。背中の右側とおなかの左側を脇はすくいとじ、肩は目と段のはぎ合わせる。

衿は鎖6目の作り目をして目を拾い、残りの59目はおなかと背中から拾い目して1目ゴム編みで編む。23段めにボタンホールをあけ、編終りは1目ゴム編み止めにする。反対側の脇と肩を合わせ、衿の持出し分（6目）を縫いつける。ボタンをつける。

袖口は拾い目して4本針で輪編みにする。編終りは1目ゴム編み止めにする。

首回り 約30.5cm　約27cm（7分丈）
足幅 約9cm
約13cm
約5.5cm

**モデル犬のサイズ**

共通　A背丈＝38.5cm、B首回り＝30.5cm、C胴回り＝47cm、
　　　D胸＝13cm、E脇＝5.5cm、F足幅＝8cm

**サイズ調整のポイント**

＊背中、おなかともに、両側の裏目の数を増減する。減り目が多くなる場合は、縄編みをなくすなどして調整。
＊おなかのケーブル模様は、胸（a）またはおなか（b）のどちらか好みの位置に入れる。

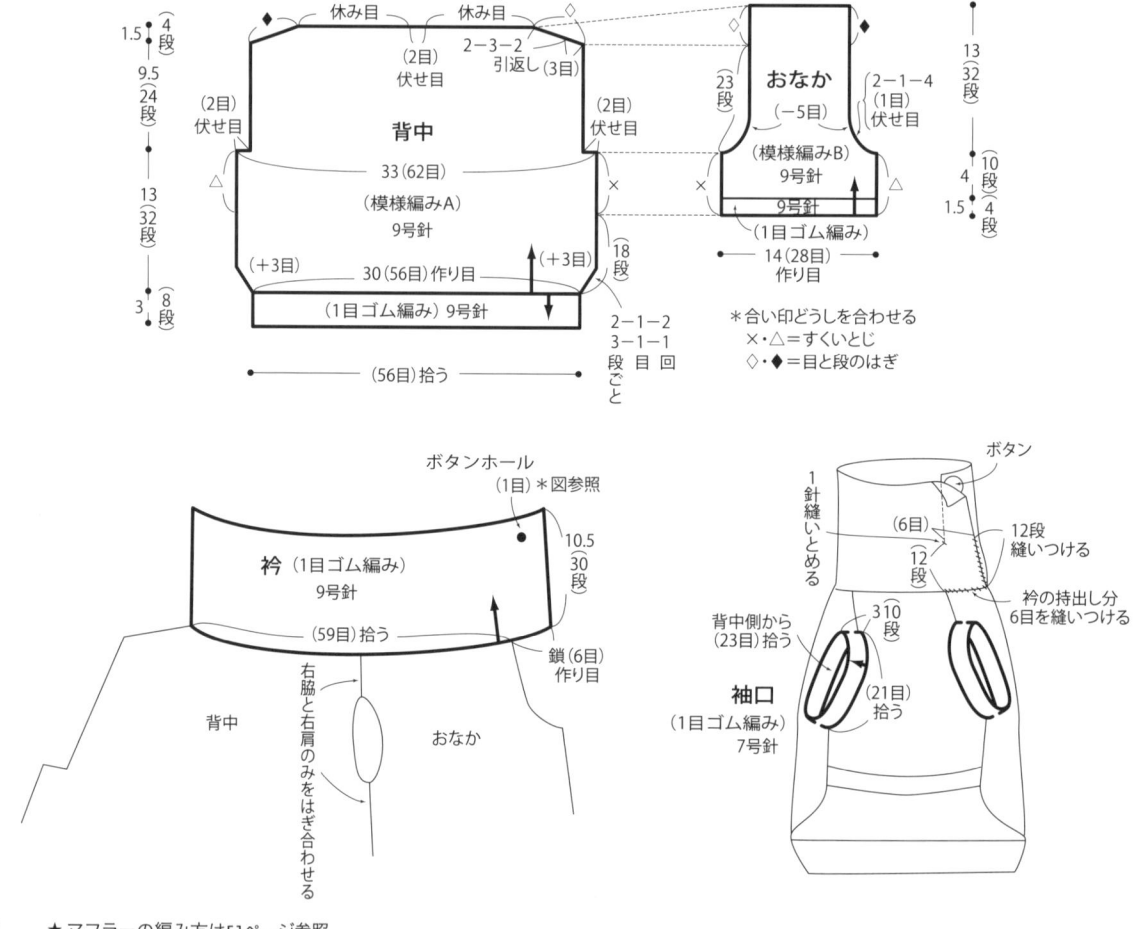

★マフラーの編み方は51ページ参照

## 模様編みB（おなか）

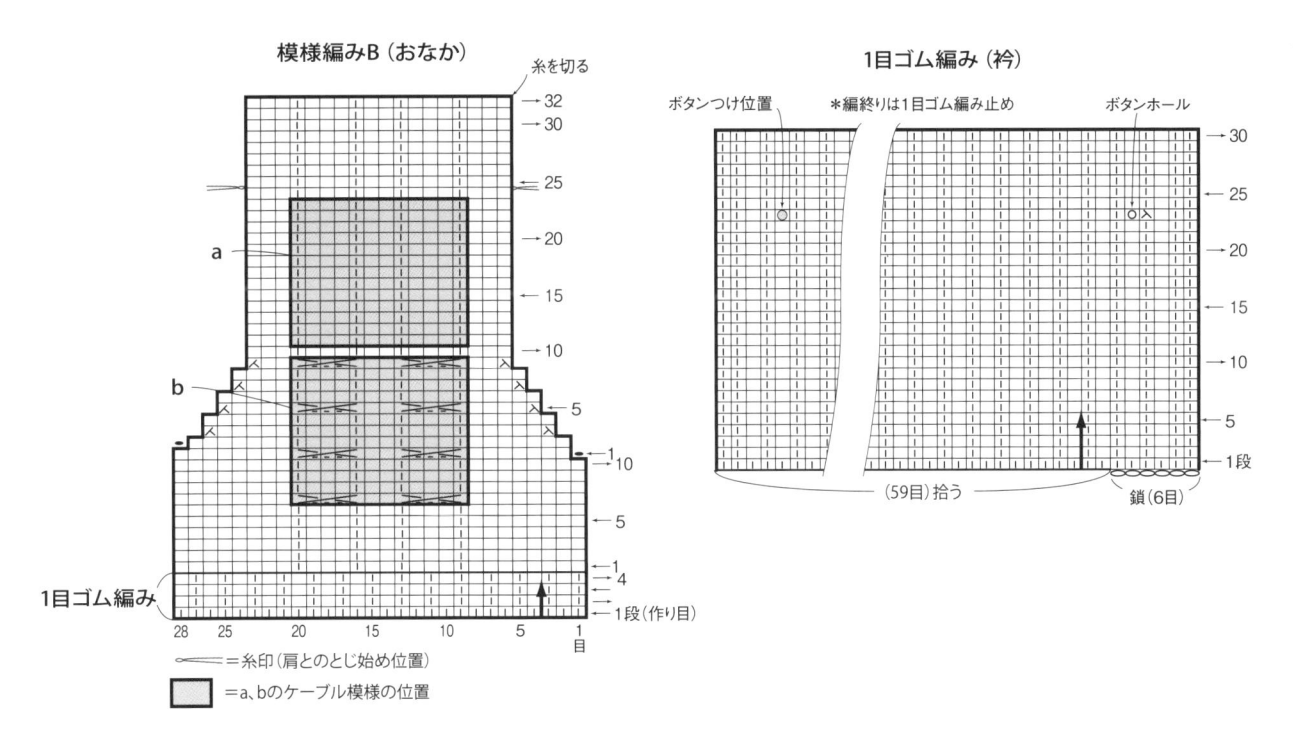

- →32
- →30
- ←25
- →20
- ←15
- →10
- ←5
- →1, 10
- ←5
- →1, 4
- →1段（作り目）

糸を切る
a
b
1目ゴム編み
28 25 20 15 10 5 1 目

〜〜 ＝糸印（肩とのとじ始め位置）
▨ ＝a、bのケーブル模様の位置

## 1目ゴム編み（衿）

ボタンつけ位置　＊編終りは1目ゴム編み止め　ボタンホール

- →30
- ←25
- →20
- ←15
- →10
- ←5
- →1段

（59目）拾う　　鎖（6目）

## 模様編みA（背中）

糸を切る　段消し　糸をつける　衿の1段め（拾い目）、リード用穴　糸を切る　段消し

- 4　°V
- 1 →°V
- 24
- →23
- →20
- ←15
- →10
- ←5
- →1
- →32
- →30
- ←25
- →20
- ←15
- →10
- ←5
- →1段
- （56目別鎖の作り目から拾う）
- 1段→
- 5
- 8

1目ゴム編み

56 55 50 45 40 35 30 25 20 15 10 5 1 目

1目ゴム編み

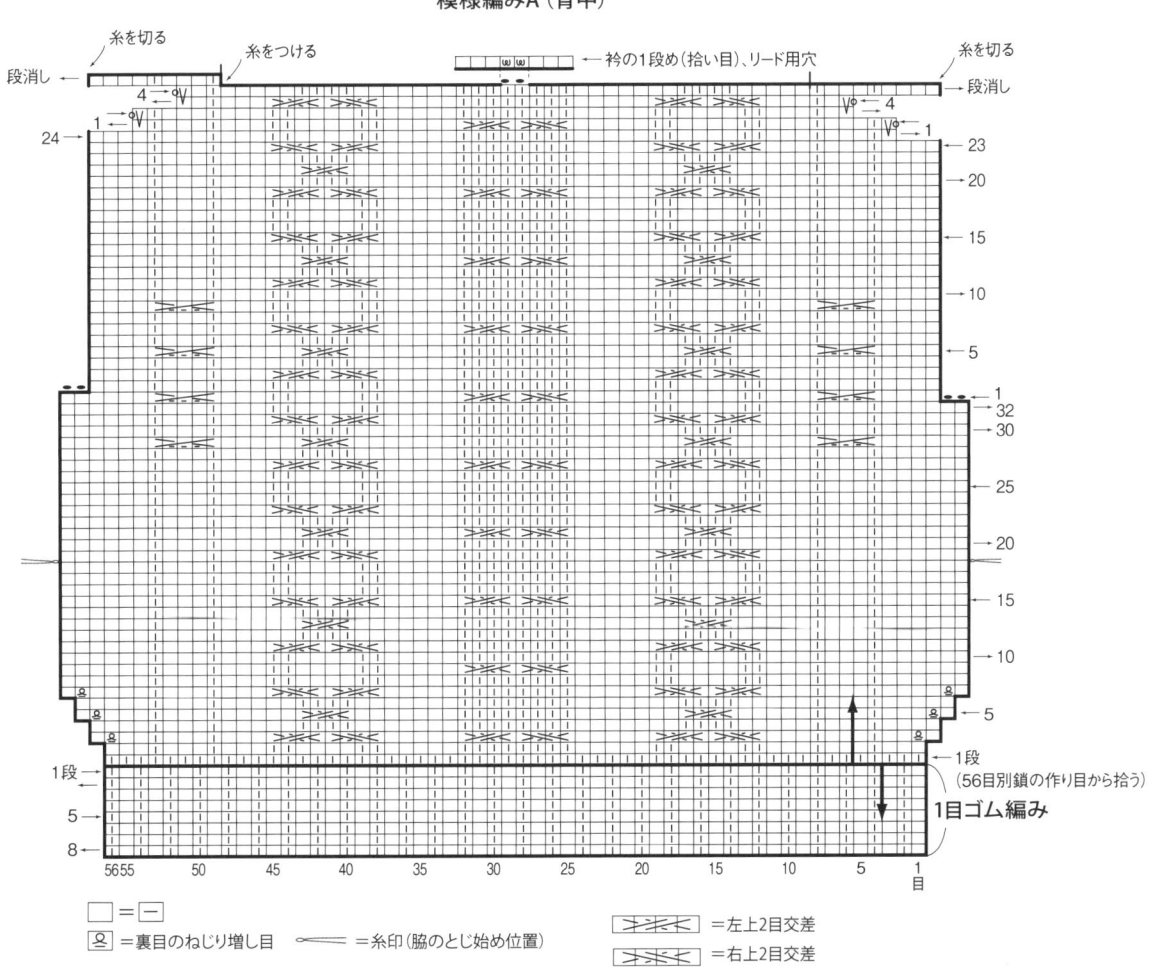

□ ＝ －
☒ ＝裏目のねじり増し目
〜〜 ＝糸印（脇のとじ始め位置）
▧▨ ＝左上2目交差
▨▧ ＝右上2目交差

69

# N PAGE 26 もこもこニットのセーター (スター)

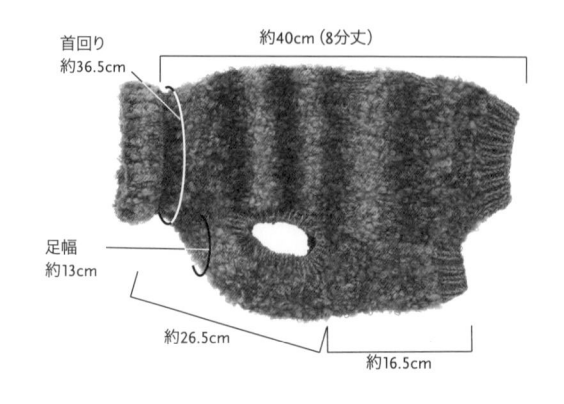

- 編み糸　ホビーラホビーレ　ループバルーン
  濃いピンク (02) 100g
  ホビーラホビーレ　ウールスイート
  パープル (09) 35g
  ホビーラホビーレ　ゼニアムース
  パープル (05) 20g
- 用具　8mmジャンボ棒針 (2本針)、15号棒針 (4本)
- ゲージ　メリヤス編み11目16段が10cm四方

・編み方ポイント

背中は別鎖の作り目をして拾い目し、編始めから7段の間に両脇で各3目増し目をする。袖ぐりは伏せ目、両肩は引返し編みをする。首の中央の2目を伏止めにし、両サイドの目は休み目にする。裾はゼニアムースとウールスイートを引きそろえて編む。別鎖をほどきながら拾い目し、1目ゴム編みを編み、編終りは1目ゴム編み止めにする。

おなかは指にかける作り目をし、図のように編む。1目ゴム編みはゼニアムースとウールスイートを引きそろえて編む。背中とおなかの脇はすくいとじ、肩は目と段のはぎで合わせる。

衿は背中の中心で針に巻き増し目を2目して全体で40目拾い目し、4本針で1目ゴム編みを輪に編む。22段を濃いピンクで、残りの2段をゼニアムースとウールスイートを引きそろえて編む。編終りは1目ゴム編み止めにする。

袖口はゼニアムースとウールスイートを引きそろえて編む。拾い目して4本針で輪編みにする。編終りは1目ゴム編み止めにする。

### モデル犬のサイズ

A背丈=50cm、B首回り=36.5cm、C胴回り=58cm、D胸=26.5cm、E脇=16.5cm、F足幅=12cm

**サイズ調整のポイント**

＊作品ではワンポイント側を右下腰の位置に配置しているが、好みの位置にアレンジする。

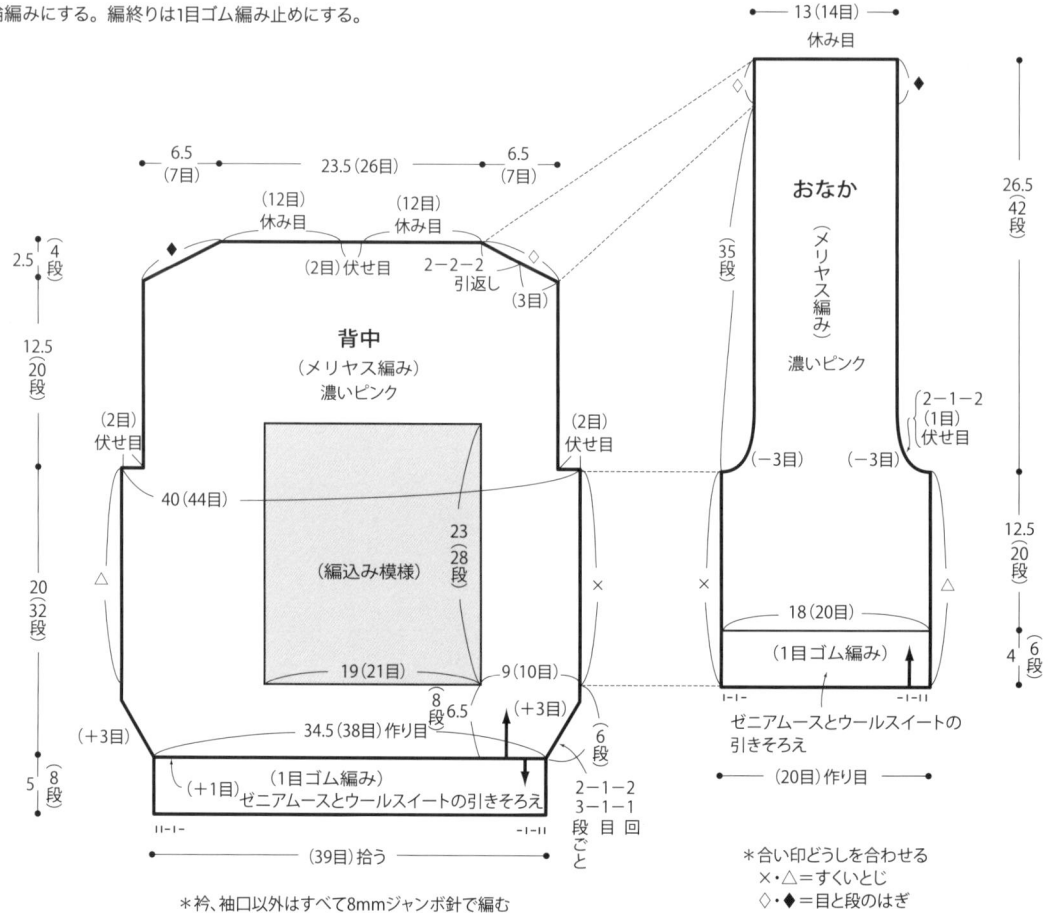

＊衿、袖口以外はすべて8mmジャンボ針で編む

＊合い印どうしを合わせる
×・△＝すくいとじ
◇・◆＝目と段のはぎ

★ 衿、袖口と編込み模様は72ページ

# N PAGE 26 もこもこニットのセーター（ボーン）

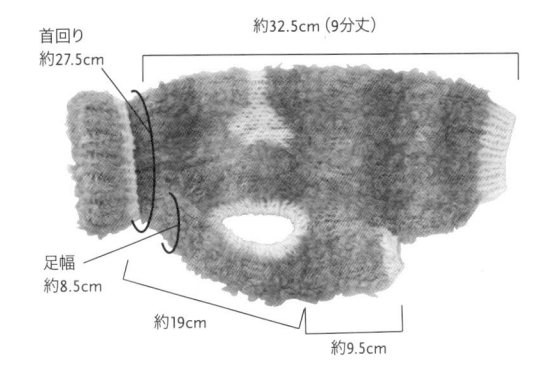

- **編み糸**　ホビーラホビーレ　ループバルーン
  水色（03）70g
  ホビーラホビーレ　ウールスイート
  白（21）15g
  ホビーラホビーレ　ゼニアムース
  白（10）10g
- **用具**　8mmジャンボ棒針（2本）、15号棒針（4本）
- **ゲージ**　メリヤス編み11目16段が10cm四方

### 編み方ポイント

背中は別鎖の作り目をして拾い目し、編始めから7段の間に両脇で各3目増し目をする。袖ぐりは伏せ目、両肩は引返し編みをする。首の中央の1目を伏止めにし、両サイドの目は休み目にする。裾はゼニアムースとウールスイートを引きそろえて編む。別鎖をほどきながら拾い目し、1目ゴム編みを編み、編終りは1目ゴム編み止めにする。

おなかは指にかける作り目をし、図のように編む。1目ゴム編みはゼニアムースとウールスイートを引きそろえて編む。背中とおなかの脇はすくいとじ、肩は目と段のはぎで合わせる。

衿は背中の中心で針に巻き増し目を1目して全体で30目拾い目し、4本針で1目ゴム編みを輪に編む。22段を水色で、残りの2段をゼニアムースとウールスイートを引きそろえて編む。編終りは1目ゴム編み止めにする。

袖口はゼニアムースとウールスイートを引きそろえて編む。拾い目して4本針で輪編みにする。編終りは1目ゴム編み止めにする。

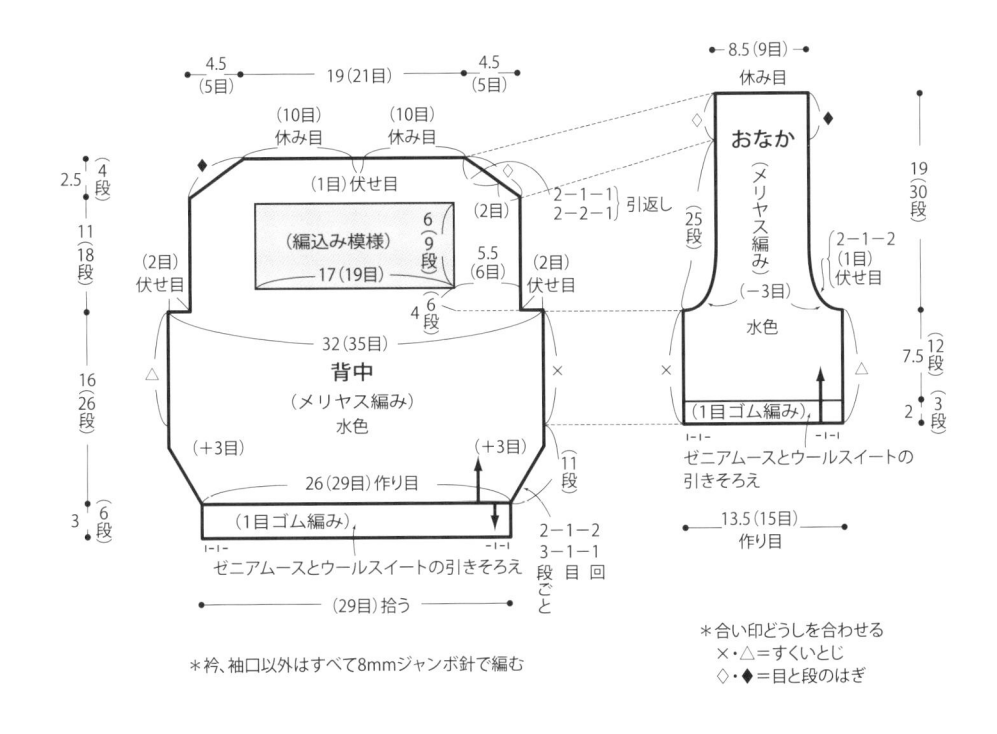

**モデル犬のサイズ**
A背丈=36cm、B首回り=27.5cm、C胴回り=45.5cm、
D胸=19cm、E脇=9.5cm、F足幅=7.5cm

**サイズ調整のポイント**
＊編込み模様は背中の袖ぐりより上側で中心に配置する。

★衿、袖口と編込み模様は72ページ

# N もこもこニットのセーター (スター)

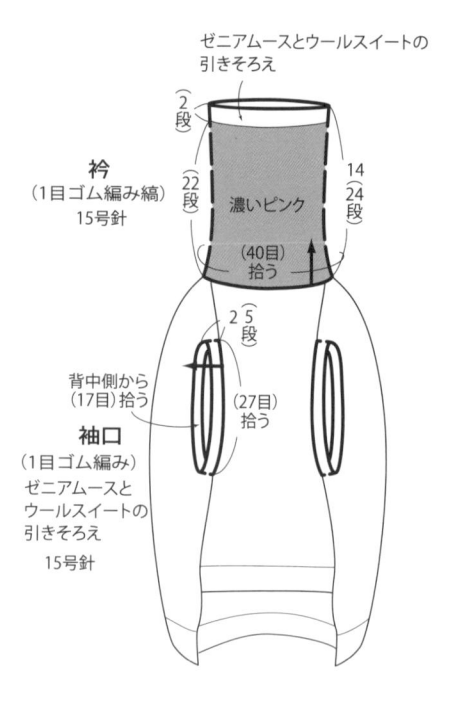

衿
(1目ゴム編み縞)
15号針

ゼニアムースとウールスイートの
引きそろえ

(2段)
(22段)
(14段)
(24段)

濃いピンク

(40目)拾う

(2段)
(5段)

背中側から
(17目)拾う

(27目)拾う

袖口
(1目ゴム編み)
ゼニアムースと
ウールスイートの
引きそろえ
15号針

## 編込み模様

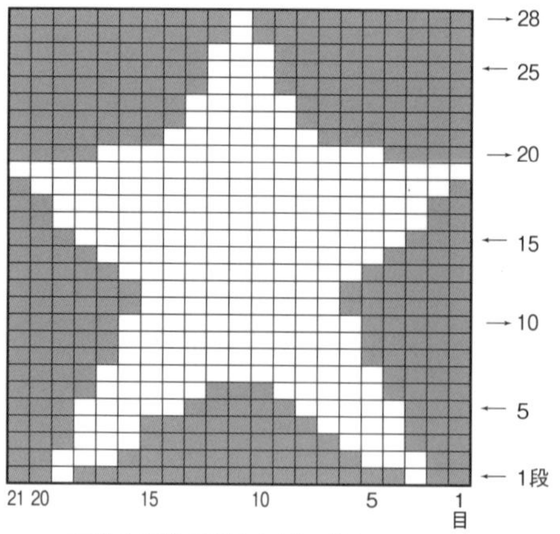

→28
→25
→20
→15
→10
→5
→1段

21 20　15　10　5　1
目

*編込みは縦に糸を渡す方法で編む
*パープルはゼニアムースとウールスイートの引きそろえ

配色
☐ =パープル　☐ = |
▨ =濃いピンク

# N もこもこニットのセーター (ボーン)

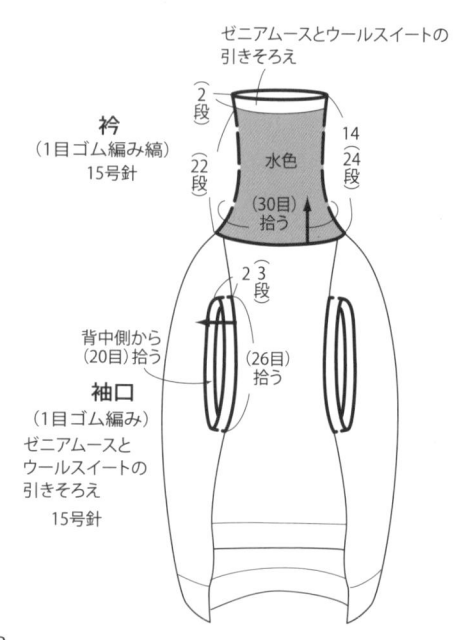

衿
(1目ゴム編み縞)
15号針

ゼニアムースとウールスイートの
引きそろえ

(2段)
(22段)
(14段)
(24段)

水色

(30目)拾う

(2段)
(3段)

背中側から
(20目)拾う

(26目)拾う

袖口
(1目ゴム編み)
ゼニアムースと
ウールスイートの
引きそろえ
15号針

## 編込み模様

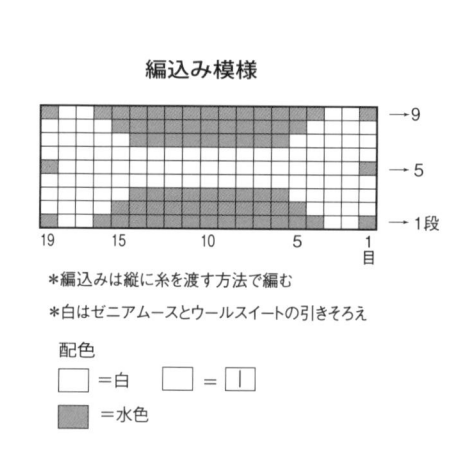

→9
→5
→1段

19　15　10　5　1
目

*編込みは縦に糸を渡す方法で編む
*白はゼニアムースとウールスイートの引きそろえ

配色
☐ =白　☐ = |
▨ =水色

## PAGE 27 刺繍のセーター（プランツ）

- 編み糸　パピー　キッドモヘアファイン
　　　　　グレイッシュピンク (3) 35g
　　　　　パピー　ニュー 2PLY
　　　　　水色 (207)・若草色 (228)・生成り (202)・赤紫 (219) 各少々
- 用具　　12号棒針 (2本)、10号棒針 (4本)
- ゲージ　メリヤス編み16.5目20段が10cm四方

### 編み方ポイント

刺繍以外はキッドモヘアファイン3本どりで編む。

背中は別鎖の作り目をして拾い目し、編始めから7段の間に両脇で各3目増し目をする。袖ぐりは伏せ目、両肩は引返し編みをする。首の中央の2目を伏止めにし、両サイドの目は休み目にする。裾は別鎖をほどきながら拾い目し、裾のねじり1目ゴム編みを編む。編終りは1目ゴム編み止めにする。刺繍をする。おなかは指にかける作り目をし、ねじり1目ゴム編みを5段編み、図のようにメリヤス編みを編む。背中とおなかの脇はすくいとじ、肩は目と段のはぎで合わせる。

衿は背中の中心の伏止め部分で針に巻き増し目を2目して全体で44目拾い目し、4本針でねじり1目ゴム編みを10段、メリヤス編みを5段輪に編み、編終りは伏止めにする。

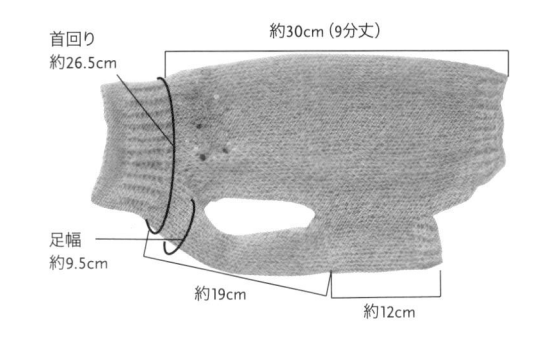

### 寸法図

約30cm (9分丈)　首回り 約26.5cm　足幅 約9.5cm　約19cm　約12cm

### モデル犬のサイズ

A背丈=33.5cm、B首回り=26.5cm、C胴回り=40cm、D胸=19cm、E脇=12cm、F足幅=8.5cm

**サイズ調整のポイント**

*刺繍位置は背中の中央上側に配置する。

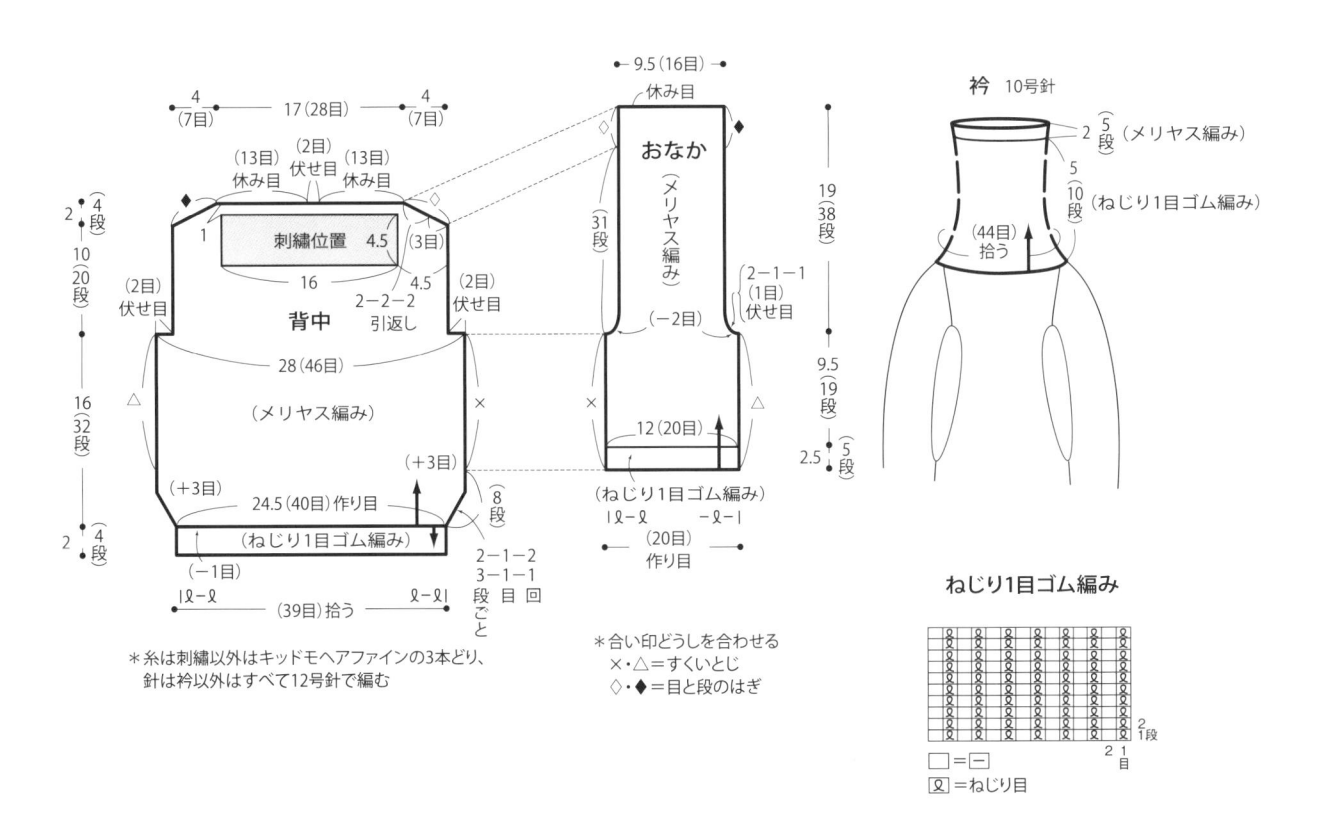

---

背中：
- 4 (7目)　17 (28目)　4 (7目)
- 2 (4段)　10 (20段)
- (2目) 伏せ目　(13目) 休み目　(2目) 伏せ目　(13目) 休み目
- 刺繍位置　4.5
- 1　16　(3目)　4.5
- 2-2-2 引返し
- (2目) 伏せ目
- 28 (46目) (メリヤス編み)
- 16 (32段)
- (+3目)　24.5 (40目) 作り目　(+3目)
- 2 (4段)　(ねじり1目ゴム編み)　(-1目)
- 2-1-2 3-1-1 段目回ごと
- (39目) 拾う
- 8段

*糸は刺繍以外はキッドモヘアファインの3本どり、針は衿以外はすべて12号針で編む

おなか：
- 9.5 (16目) 休み目
- (メリヤス編み)
- 31段
- 2-1-1 (1目) 伏せ目 (-2目)
- 19 (38段)
- 9.5 (19段)
- 2.5 (5段)
- 12 (20目)
- (ねじり1目ゴム編み)
- (20目) 作り目

*合い印どうしを合わせる
×・△=すくいとじ
◇・◆=目と段のはぎ

衿　10号針
- 2 (5段) (メリヤス編み)
- 5 (10段) (ねじり1目ゴム編み)
- (44目) 拾う

### ねじり1目ゴム編み

□=□
𝐐=ねじり目

2目1段

★刺繍の配置図は74ページ

## ● プランツ

★実物大図案は78ページ
★左側は右の図案を反転する

**刺繍配置図** ＊糸はニュー2PLY1本どり

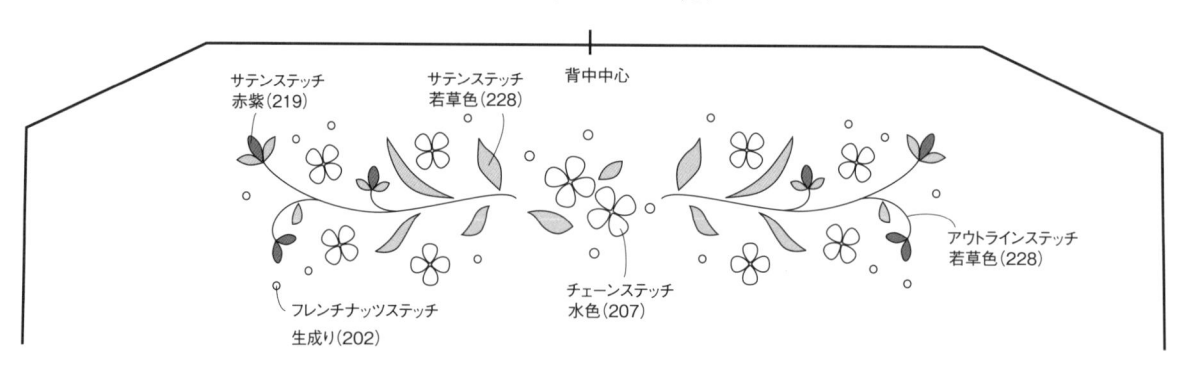

- サテンステッチ 赤紫(219)
- サテンステッチ 若草色(228)
- 背中中心
- アウトラインステッチ 若草色(228)
- フレンチナッツステッチ 生成り(202)
- チェーンステッチ 水色(207)

## ● デイジー

★実物大図案は78ページ

**刺繍配置図** ＊糸はニュー2PLY、ニュー3PLY各2本どり

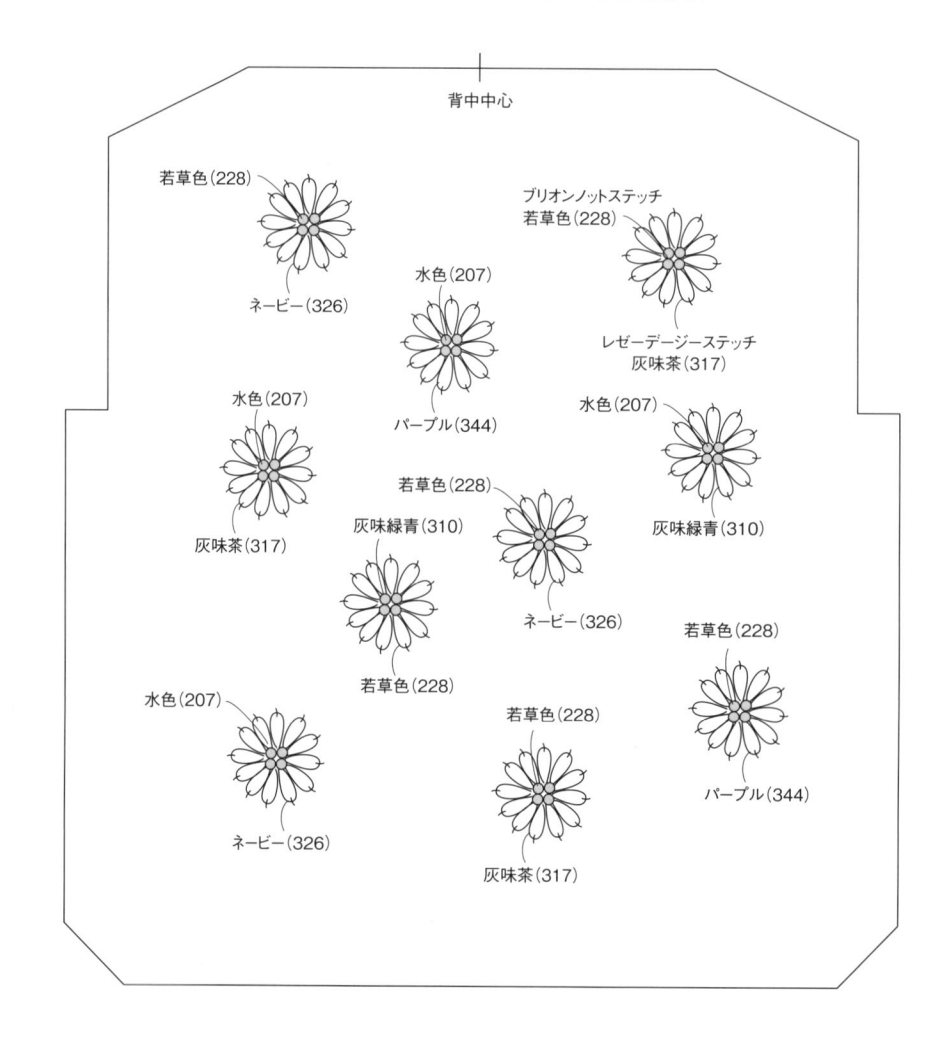

- 背中中心
- 若草色(228)
- ネービー(326)
- 水色(207)
- パープル(344)
- ブリオンノットステッチ 若草色(228)
- レゼーデージーステッチ 灰味茶(317)
- 水色(207)
- 灰味茶(317)
- 灰味緑青(310)
- 若草色(228)
- 水色(207)
- 灰味緑青(310)
- 若草色(228)
- ネービー(326)
- 水色(207)
- ネービー(326)
- 若草色(228)
- 灰味茶(317)
- 若草色(228)
- パープル(344)

## PAGE 27 刺繍のセーター（デイジー）

- 編み糸　パピー　キッドモヘアファイン
　　　　　ベージュ (54) 30g
　　　　　パピー　ニュー 3PLY
　　　　　パープル (344)・ネービー (326)・灰味緑青 (310)・灰味茶 (317) 各5g、
　　　　　パピー　ニュー 2LPY
　　　　　若草色 (228)・水色 (207) 各少々
- 用具　　12号棒針 (2本)、10号棒針 (4本)
- ゲージ　メリヤス編み16.5目20段が10cm四方

### 編み方ポイント

刺繍以外はキッドモヘアファイン3本どりで編む。
背中は別鎖の作り目をして拾い目し、編始めから7段の間に両脇で各3目増し目をする。袖ぐりは伏せ目、両肩は引返し編みをする。首の中央の2目を伏止めにし、両サイドの目は休み目にする。裾は別鎖をほどきながら拾い目し、裾のねじり1目ゴム編みを編む。編終りは1目ゴム編み止めにする。刺繍をする。
おなかは指にかける作り目をし、ねじり1目ゴム編みを4段編み、図のようにメリヤス編みを編む。背中とおなかの脇はすくいとじ、肩は目と段のはぎで合わせる。
衿は背中の中心の伏止め部分で針に巻き増し目を2目して全体で34目拾い目し、4本針でねじり1目ゴム編みを10段、メリヤス編みを5段輪に編み、編終りは伏止めにする。

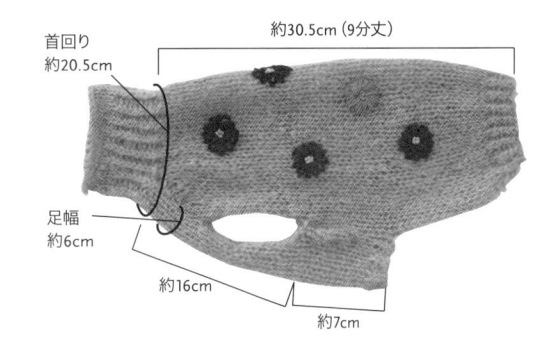

首回り 約20.5cm
約30.5cm (9分丈)
足幅 約6cm
約16cm
約7cm

### モデル犬のサイズ

A背丈=34cm、B首回り=20.5cm、C胴回り=35.5cm、D胸=16cm、E脇=7cm、F足幅=5cm

サイズ調整のポイント
＊刺繍位置は背中全体にバランスを見て配置する。

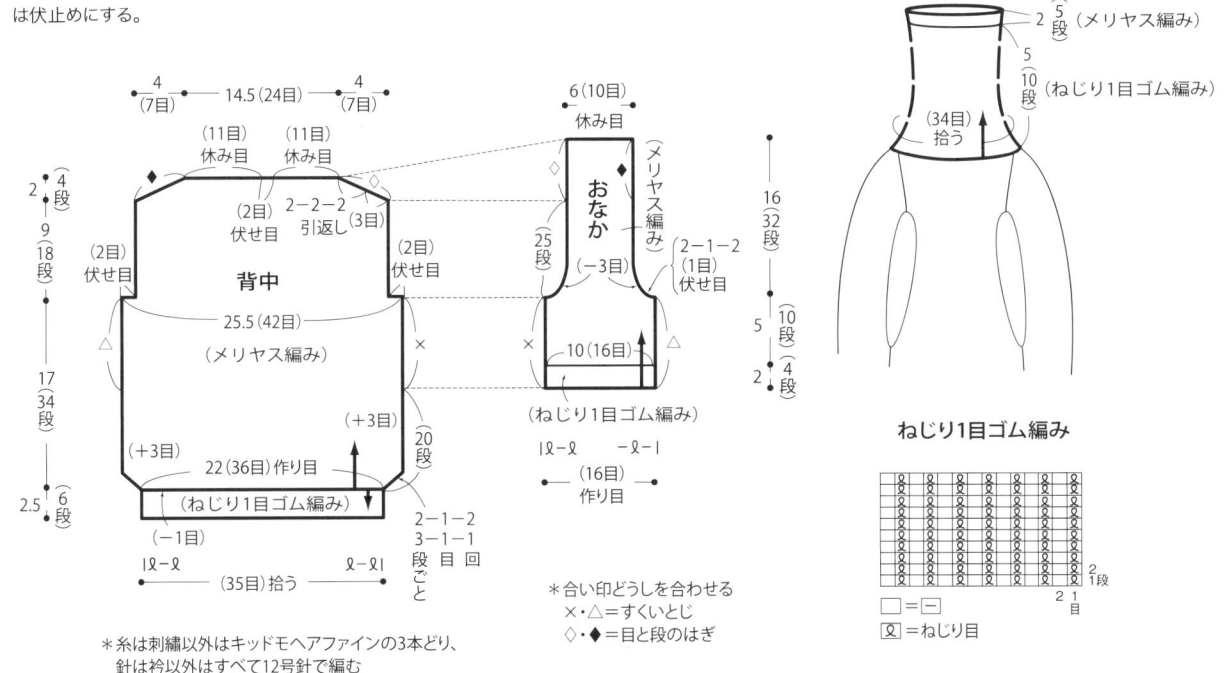

＊合い印どうしを合わせる
×・△＝すくいとじ
◇・◆＝目と段のはぎ

＊糸は刺繍以外はキッドモヘアファインの3本どり、針は衿以外はすべて12号針で編む

衿　10号針

ねじり1目ゴム編み

□＝|
&＝ねじり目

# P28 ポンポンニットのセーター & スヌード (a)

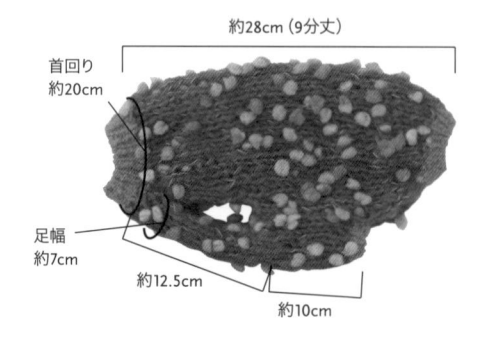

- **編み糸**　ホビーラホビーレ　キャンディモヘヤ
　　　　　　セーター＝ピンク(02) 50g　スヌード＝ピンク(02) 30g
　　　　　　ホビーラホビーレ　ストレッチポップ
　　　　　　セーター＝オレンジ(02) 10g　スヌード＝オレンジ(02) 20g
- **用具**　8mmジャンボ棒針(2本)、14号棒針(4本)
- **ゲージ**　メリヤス編み11目14.5段が10cm四方
- **サイズ**　スヌード＝周囲32cm、丈23cm

・**編み方ポイント**

[セーター]
背中は別鎖の作り目をして拾い目し、編始めから7段の間に両脇で各3目増し目をする。袖ぐりは伏せ目、両肩は引返し編みをする。首の中央の2目を伏止めにし、両サイドの目は休み目にする。裾は別鎖をほどきながら拾い目し、1目ゴム編みを編み、編終りは1目ゴム編み止めにする。
おなかは指にかける作り目をし、図のように編む。背中とおなかの脇はすくいとじ、肩は目と段のはぎで合わせる。
衿は背中の中心で針に巻き増し目を2目して拾い目し、4本針で1目ゴム編みを輪に編む。編終りは1目ゴム編み止めにする。

[スヌード]
指にかける作り目をし、4本針で輪編みにする。1目ゴム編み、8段めにリード用穴をあける。続けて、メリヤス編み、1目ゴム編みを編み、編終りは1目ゴム編み止めにする。

約28cm (9分丈)
首回り 約20cm
足幅 約7cm
約12.5cm
約10cm

**モデル犬のサイズ**
A背丈=31cm、B首回り=20cm、C胴回り=36cm、D胸=12.5cm、E脇=10cm、F足幅=6cm

**サイズ調整のポイント**
＊衿の高さはハイネックは(a)、タートルネックは(b)を参照する。

セーター / おなか / 衿 / スヌード

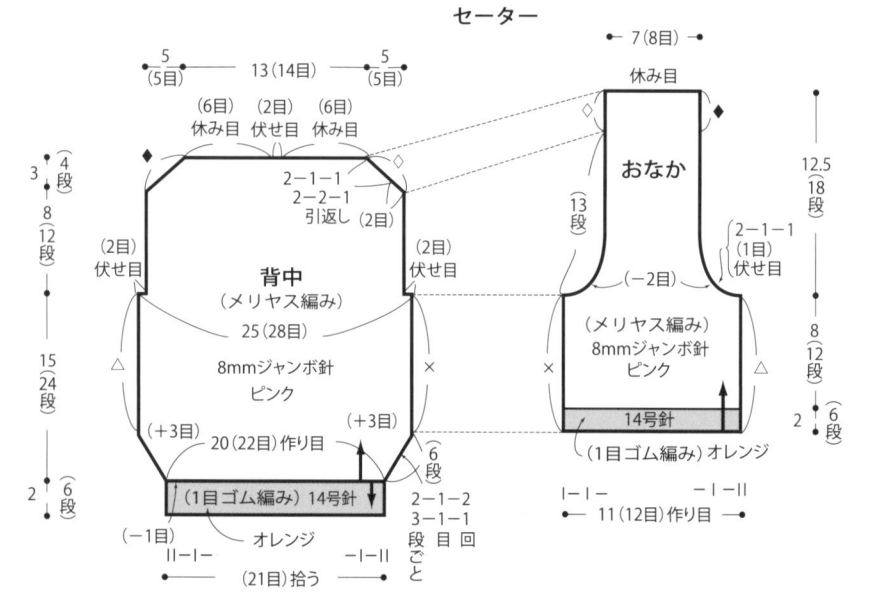

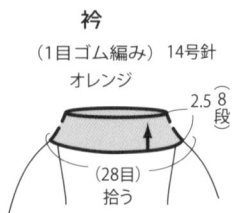

＊合い印どうしを合わせる
×・△＝すくいとじ
◇・◆＝目と段のはぎ

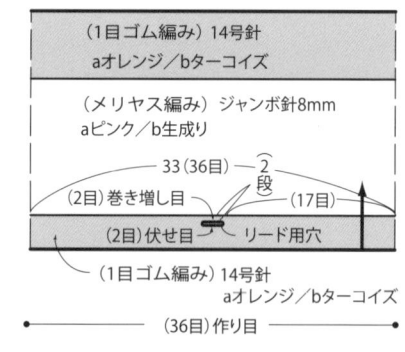

# PAGE 29 ポンポンニットのセーター & スヌード (b)

- **編み糸** ホビーラホビーレ　キャンディモヘヤ
  セーター＝生成り (01) 90g　スヌード＝生成り (01) 30g
  ホビーラホビーレ　ストレッチポップ
  セーター＝ターコイズ (03) 25g　スヌード＝ターコイズ (03) 20g
- **用具** 8mmジャンボ棒針 (2本針)、14号棒針 (4本)
- **ゲージ** メリヤス編み11目14.5段が10cm四方
- **サイズ** スヌード＝周囲32cm、丈23cm

### 編み方ポイント

[セーター]
背中は別鎖の作り目をして拾い目し、編始めから7段の間に両脇で各3目増し目をする。袖ぐりは伏せ目、両肩は引返し編みをする。首の中央の2目を伏止めにし、両サイドの目は休み目にする。裾は別鎖をほどきながら拾い目し、1目ゴム編みを編み、編終りは1目ゴム編み止めにする。
おなかは指にかける作り目をし、図のように編む。背中とおなかの脇はすくいとじ、肩は目と段のはぎで合わせる。
衿は背中の中心で針に巻き増し目を2目して拾い目し、4本針で1目ゴム編みを輪に編む。編終りは1目ゴム編み止めにする。

[スヌード]
編み方は76ページと同様。

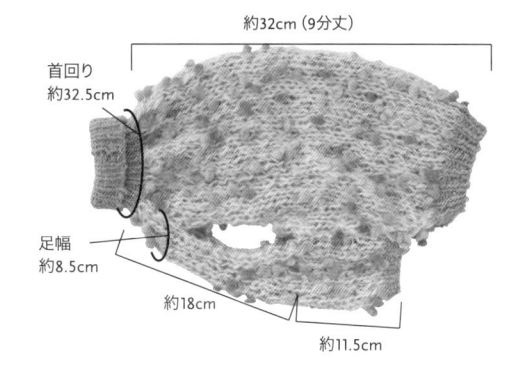

### モデル犬のサイズ
A背丈＝36cm、B首回り＝32.5cm、C胴回り＝49cm、D胸＝18cm、E脇＝11.5cm、F足幅＝7.5cm

**サイズ調整のポイント**
＊衿の高さはハイネックは (a)、タートルネックは (b) を参照する。

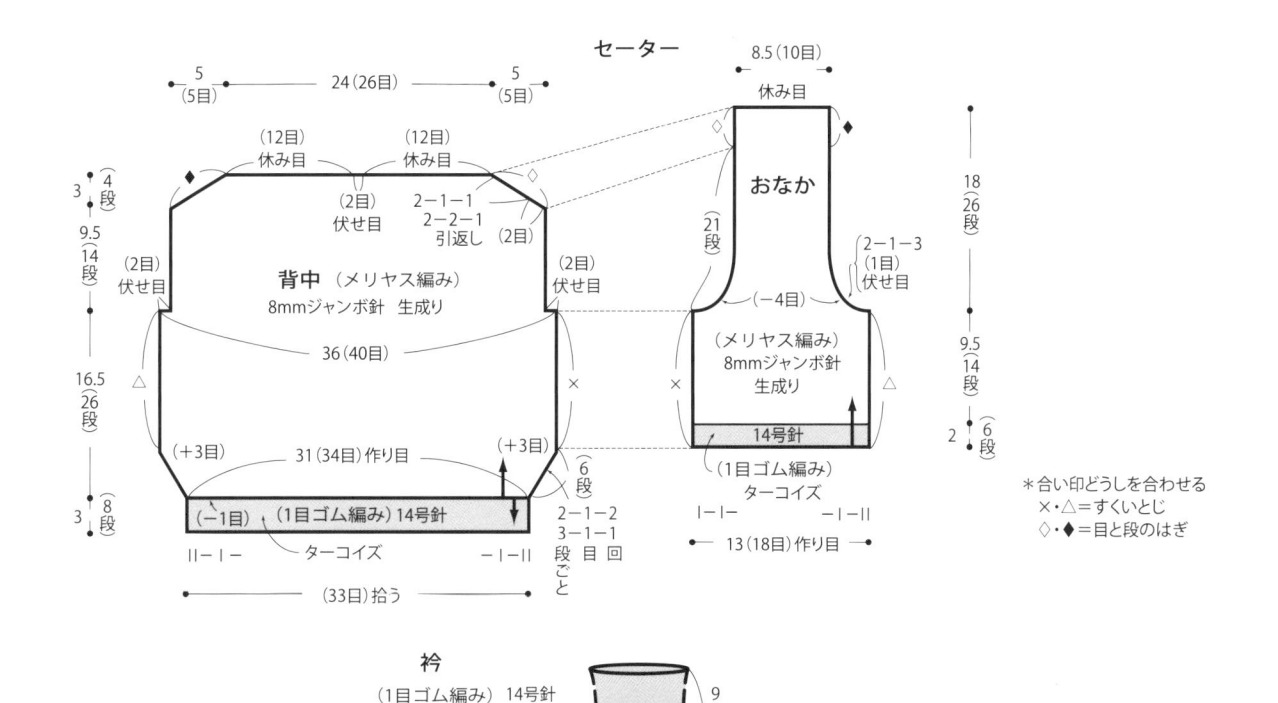

寸法: 約32cm (9分丈)、首回り約32.5cm、足幅約8.5cm、約18cm、約11.5cm

## セーター

背中 (メリヤス編み) 8mmジャンボ針 生成り
- 5 (5目) / 24 (26目) / 5 (5目)
- (12目) 休み目 / (12目) 休み目
- (2目) 伏せ目　2-1-1 2-2-1 引返し (2目)
- 3 (4段)、9.5 (14段)、16.5 (26段)、3 (8段)
- (2目) 伏せ目
- 36 (40目)
- (+3目)　31 (34目) 作り目　(+3目)
- (−1目) (1目ゴム編み) 14号針 ターコイズ
- 2-1-2 3-1-1 段ごと
- (33目) 拾う
- 6 (段)

おなか (メリヤス編み) 8mmジャンボ針 生成り
- 8.5 (10目) 休み目
- 21段
- 2-1-3 (1目) 伏せ目
- (−4目)
- 18 (26段)、9.5 (14段)、2 (6段)
- 14号針 (1目ゴム編み) ターコイズ
- 13 (18目) 作り目

＊合い印どうしを合わせる
×・△＝すくいとじ
◇・◆＝目と段のはぎ

## 衿
(1目ゴム編み) 14号針 ターコイズ
9 (30段)
(36目) 拾う

# 実物大刺繍図案

*S=ステッチの略

[ ニットに刺繍する場合 ]

1. 柔らかい薄紙に図案を写す
2. 1の薄紙をしつけ糸などでニットに仮どめして、紙の上から刺繍する
3. 刺繍が終わったら、薄紙を優しく取り除く

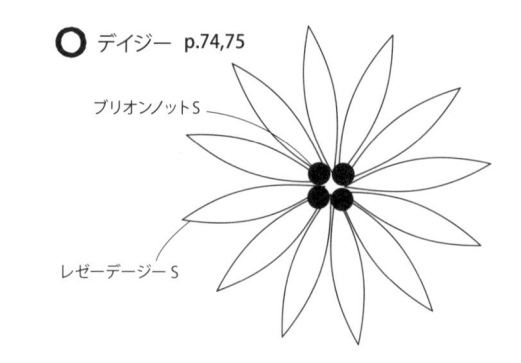

○ デイジー p.74,75

ブリオンノットS
レゼーデージー S

○ プランツ p.73,74

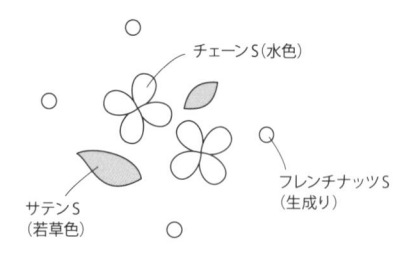

チェーン S（水色）
サテン S（若草色）
フレンチナッツ S（生成り）

花びら一枚は、チェーンステッチで輪郭を刺繍する

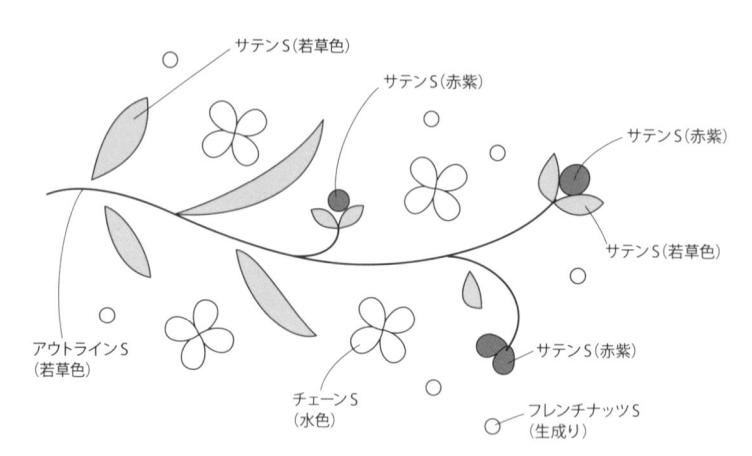

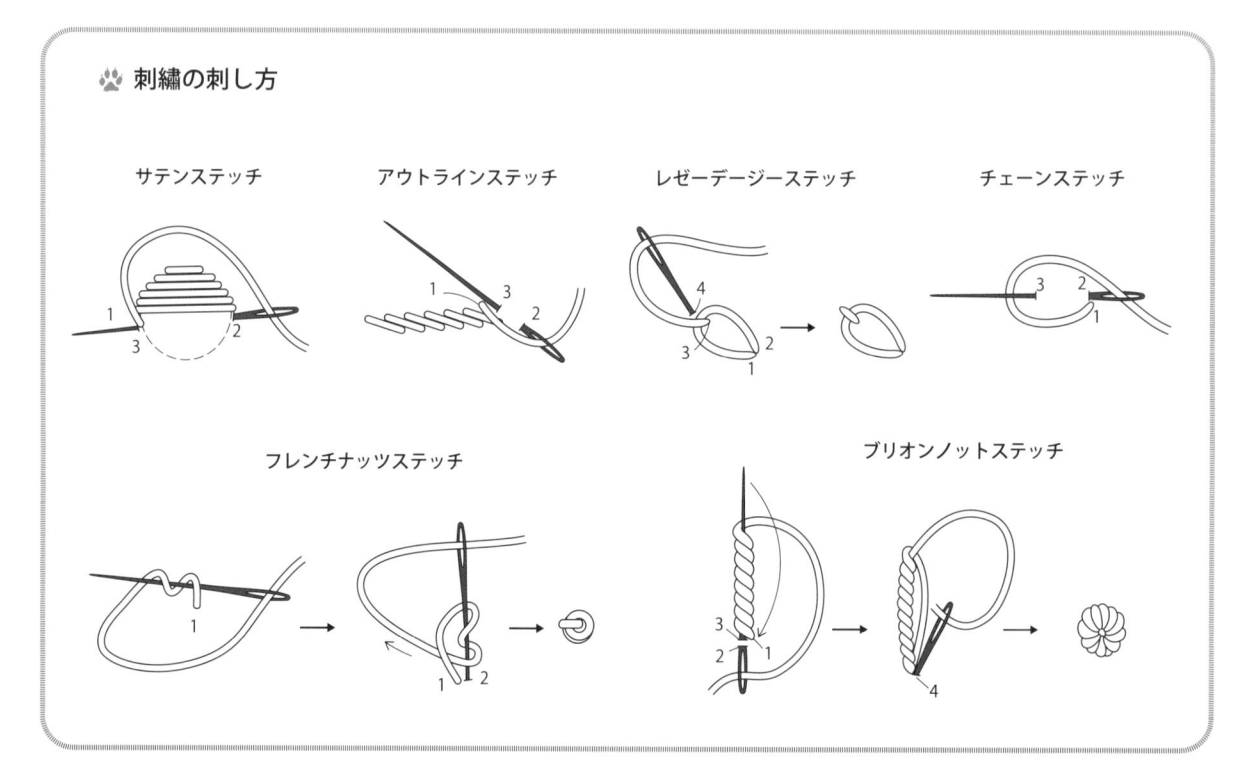

サテン S（若草色）
サテン S（赤紫）
サテン S（赤紫）
サテン S（若草色）
アウトライン S（若草色）
チェーン S（水色）
サテン S（赤紫）
フレンチナッツ S（生成り）

## 刺繍の刺し方

サテンステッチ

アウトラインステッチ

レゼーデージーステッチ

チェーンステッチ

フレンチナッツステッチ

ブリオンノットステッチ

# BASIC TECHNIQUE ❊ 基本テクニック

[作り目]
指に糸をかけて目を作る方法

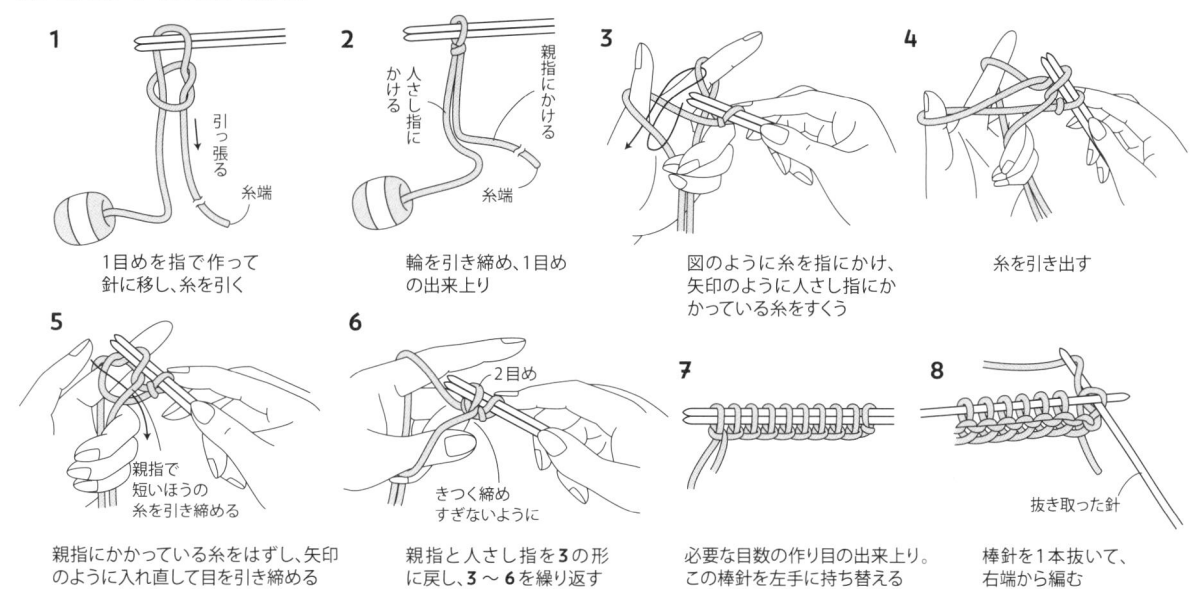

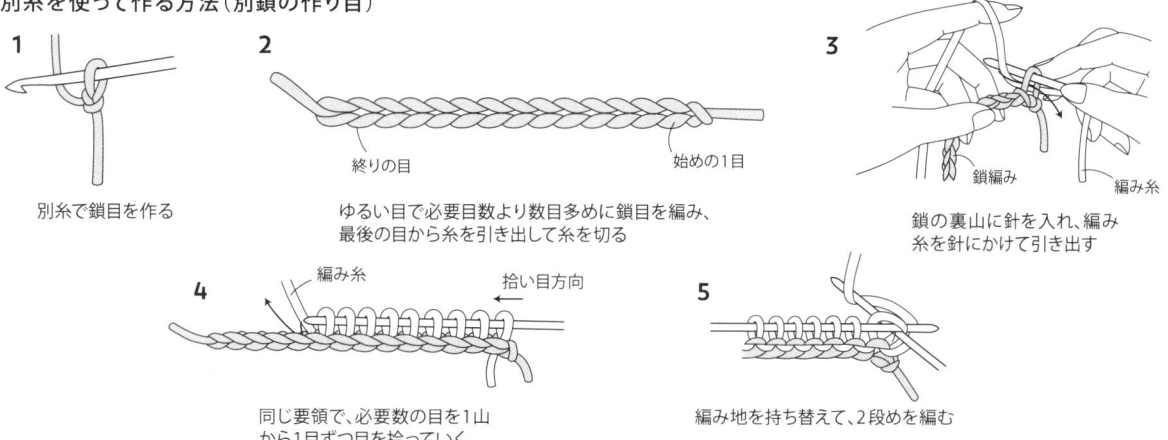

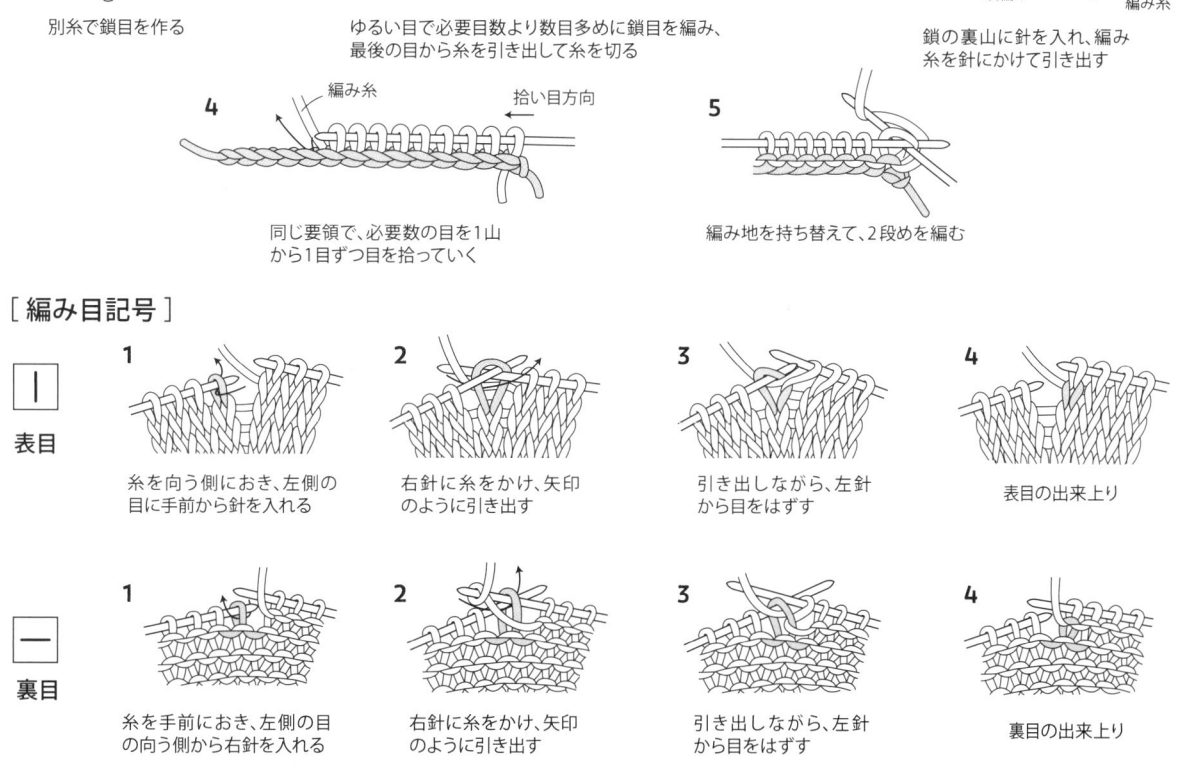

**1** 1目めを指で作って針に移し、糸を引く（引っ張る／糸端）

**2** 輪を引き締め、1目めの出来上り（人さし指にかける／親指にかける／糸端）

**3** 図のように糸を指にかけ、矢印のように人さし指にかかっている糸をすくう

**4** 糸を引き出す

**5** 親指にかかっている糸をはずし、矢印のように入れ直して目を引き締める（親指で短いほうの糸を引き締める）

**6** 親指と人さし指を3の形に戻し、3〜6を繰り返す（2目め／きつく締めすぎないように）

**7** 必要な目数の作り目の出来上り。この棒針を左手に持ち替える

**8** 棒針を1本抜いて、右端から編む（抜き取った針）

別糸を使って作る方法（別鎖の作り目）

**1** 別糸で鎖目を作る

**2** ゆるい目で必要目数より数目多めに鎖目を編み、最後の目から糸を引き出して糸を切る（終りの目／始めの1目）

**3** 鎖の裏山に針を入れ、編み糸を針にかけて引き出す（鎖編み／編み糸）

**4** 同じ要領で、必要数の目を1山から1目ずつ目を拾っていく（編み糸／拾い目方向）

**5** 編み地を持ち替えて、2段めを編む

[編み目記号]

| 表目

**1** 糸を向う側におき、左側の目に手前から針を入れる

**2** 右針に糸をかけ、矢印のように引き出す

**3** 引き出しながら、左針から目をはずす

**4** 表目の出来上り

− 裏目

**1** 糸を手前におき、左側の目の向う側から右針を入れる

**2** 右針に糸をかけ、矢印のように引き出す

**3** 引き出しながら、左針から目をはずす

**4** 裏目の出来上り

79

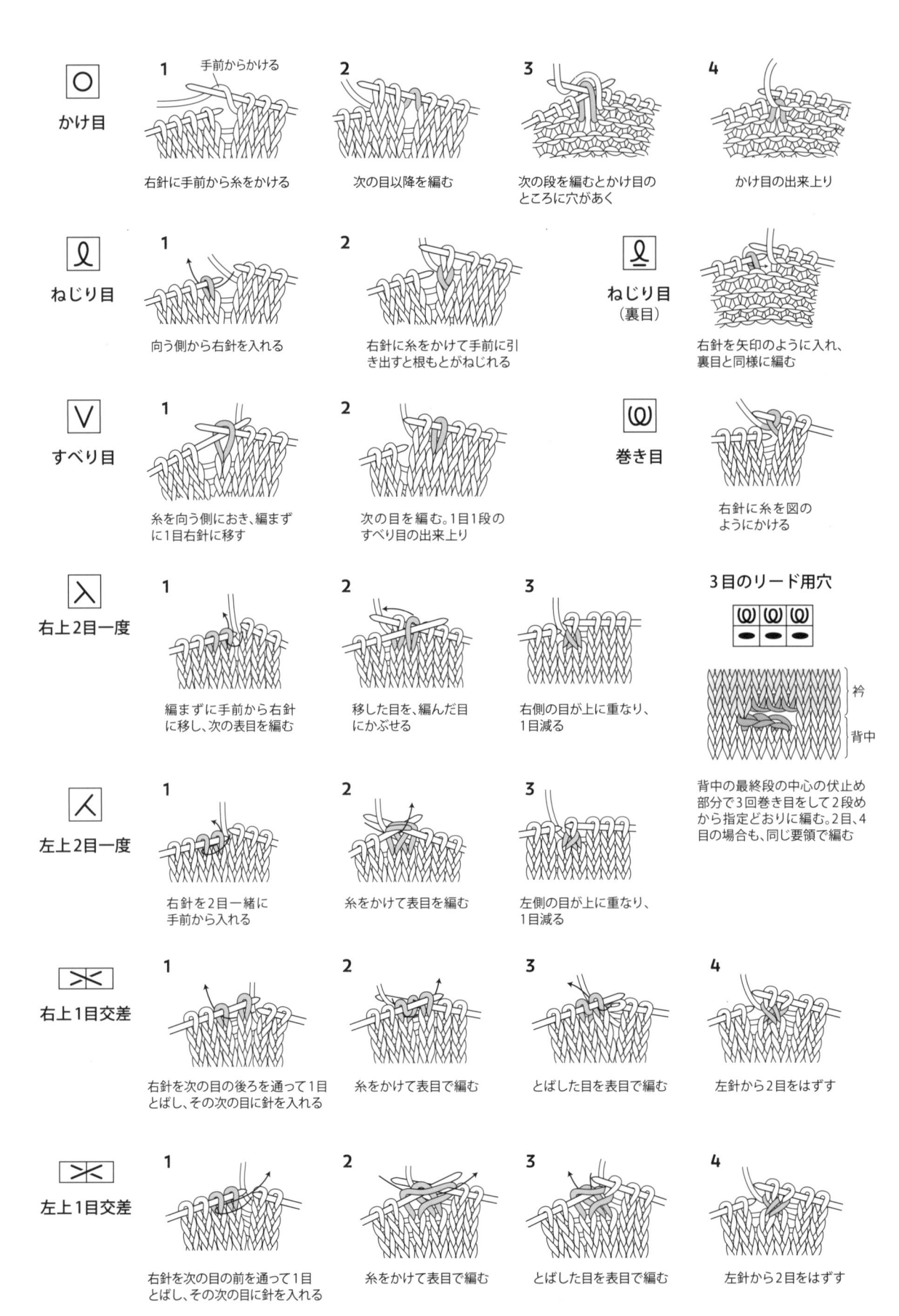

| 記号 | 名称 | 1 | 2 | 3 | 4 |
|---|---|---|---|---|---|
| ○ | かけ目 | 手前からかける／右針に手前から糸をかける | 次の目以降を編む | 次の段を編むとかけ目のところに穴があく | かけ目の出来上り |
| Ω | ねじり目 | 向う側から右針を入れる | 右針に糸をかけて手前に引き出すと根もとがねじれる | | |
| Ω | ねじり目（裏目） | 右針を矢印のように入れ、裏目と同様に編む | | | |
| V | すべり目 | 糸を向う側におき、編まずに1目右針に移す | 次の目を編む。1目1段のすべり目の出来上り | | |
| ω | 巻き目 | 右針に糸を図のようにかける | | | |
| | 3目のリード用穴 | 背中の最終段の中心の伏止め部分で3回巻き目をして2段めから指定どおりに編む。2目、4目の場合も、同じ要領で編む | | | |
| 入 | 右上2目一度 | 編まずに手前から右針に移し、次の表目を編む | 移した目を、編んだ目にかぶせる | 右側の目が上に重なり、1目減る | |
| 人 | 左上2目一度 | 右針を2目一緒に手前から入れる | 糸をかけて表目を編む | 左側の目が上に重なり、1目減る | |
| ※ | 右上1目交差 | 右針を次の目の後ろを通って1目とばし、その次の目に針を入れる | 糸をかけて表目で編む | とばした目を表目で編む | 左針から2目をはずす |
| ※ | 左上1目交差 | 右針を次の目の前を通って1目とばし、その次の目に針を入れる | 糸をかけて表目で編む | とばした目を表目で編む | 左針から2目をはずす |

| 記号 | 名称 | 手順 |
|---|---|---|
| | 右上2目交差 | **1** 1、2の目を縄編み針に移して手前に休ませ、3、4の目を表目で編む **2** 手前に休ませておいた1、2の目を表目で編む |
| | 左上3目交差 | 左上2目交差と同じ要領で3目を交差して編む |
| | 左上2目交差 | **1** 1、2の目を縄編み針に移して向う側に休ませ、3、4の目を表目で編む **2** 向う側に休ませておいた1、2の目を表目で編む |
| | 左上1目交差（間に裏1目） / 左上1目交差（間に裏3目） | 左上1目交差と同じ要領で編むが、交差させる目の間に裏目を指定目数編む |
| | 右上2目と1目の交差（下側が裏目） | **1** 1、2の目を縄編み針に移す **2** 移した2目を手前に休ませ、3の目に針を入れて裏目で編む **3** 縄編み針に通したまま1、2の目を表目で編む **4** 出来上り |
| | 左上2目と1目の交差（下側が裏目） | **1** 1の目を縄編み針に移して、向う側に休ませる **2** 2、3の目を1目ずつ表目で編む **3** 休ませておいた1の目を裏目で編む **4** 出来上り |
| | かぎ針の玉編み（中長編み4目） | **1** かぎ針を入れ、糸をかけて引き出し、糸をかける。もう一度針を入れて引き出す **2** 未完成の中長編み1目の出来上り **3** 続いて、未完成の中長編みを3目編み、一度に引き抜く **4** もう一度糸をかけて引き抜き、かぎ針の目を右針に戻す |
| | 伏止め | **1** 端の2目を表目で編み、1目めを2目めにかぶせる **2** 次の目を表目で編む **3** 1、2を繰り返す **4** 最後の目は引き抜いて、目を引き締める |
| | 伏止め（裏目） | **1** 端の2目を裏目で編み、1目めを2目めにかぶせる **2** 次の目を裏目で編み、右の目をかぶせる **3** 2を繰り返す |
| | 増し目（ねじり増し目） | **1** 前段の横糸を矢印のようにすくって左針にかける **2** 矢印のように針を入れて表目で編むと、糸がねじれる（裏編みの場合も、ねじれるように糸をすくい裏目で編む） **3** ねじり増し目の出来上り。次の目からは普通に編む |

## 1目ゴム編み止め（平編み）

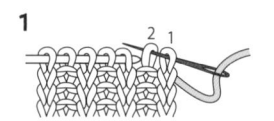

**1** 1の目は向う側から手前に、2の目は手前から向う側に、針を入れる

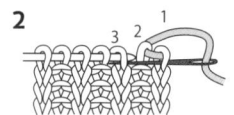

**2** 1の目に戻り、表目どうし、裏目どうしに針を入れていく

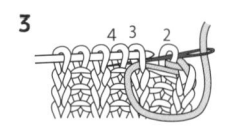

**3** 裏目どうしは図のように針を入れる

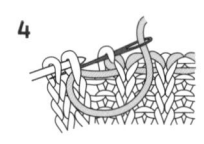

**4** 2、3を繰り返し、裏目と最後の目に図のように針を入れる

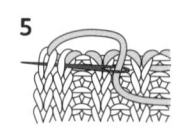

**5** 左端の表目2目に図のように針を入れて、引き抜く

## 1目ゴム編み止め（輪編み）

**1** 1の目をとばして2の目の手前から針を入れて抜き、1の目に戻って手前から針を入れ、3の目に出す

**2** 2の目に戻って、向う側から針を入れ、4の目の向う側に出す。このあとは、平編みと同じ

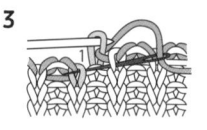

**3** 編終り側の表目の手前から針を入れ、1の目に針を出す

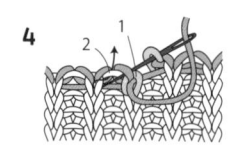

**4** 編終りの裏目に向う側から針を入れ、ゴム編み止めの糸を図のようにくぐらせ、2の裏目に抜く

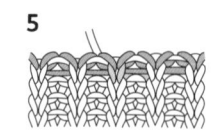

**5** 止め終り

## 2目ゴム編み止め（平編み） *1目ゴム編み止めの1、2のあとに以下の手順を続ける

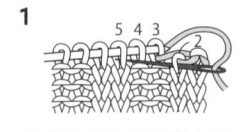

**1** 2の目に戻って、手前から針を入れ、3、4の2目をとばして5の目に針を出す

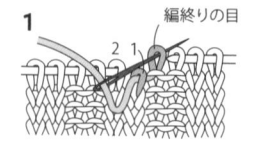

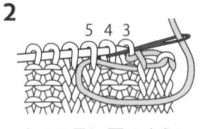

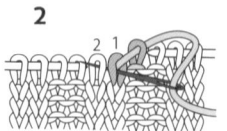

**2** 3、4の目に図のように針を入れて出す

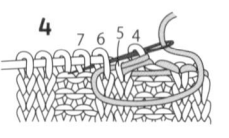

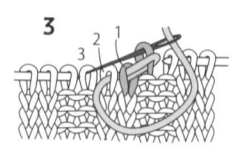

**3** 5、6の目に図のように針を入れて出す

**4** 4の目に戻って向う側から針を入れ、5、6の2目をとばして7の目に針を出す

**5** 1〜4を繰り返し、端の表目2目に針を入れて出す。もう一度裏目と端の表目に針を入れて引き抜く

## 2目ゴム編み止め（輪編み）

**1** 1の目の向う側から針を入れ、編終りの目に手前から針を入れる

**2** 1、2の目に図のように針を入れて出す

**3** 編終りの裏目に向う側から針を入れ、1、2の2目をとばして、3の目に手前から針を入れる

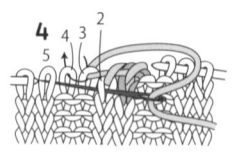

**4** 2の目に戻って、3、4の2目を出す。このあと、平編みの2目ゴム編み止めと同じ

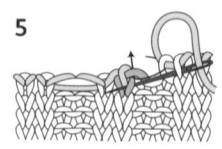

**5** 編終りの端の表目と編始めの表目に針を入れ、最後は裏目に矢印のように針を入れて引き抜く

## 目と段のはぎ

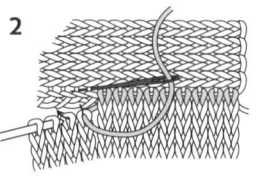

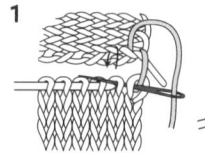

**1** 上の段は端の目と2目めの間の渡り糸をすくい、下の端の目に戻り、図のように針を入れる

**2** はぎ合わせる目数より段数が多い場合は、その差を平均に振り分け、1目に対して2段すくって平均にはぐ

## すくいとじ

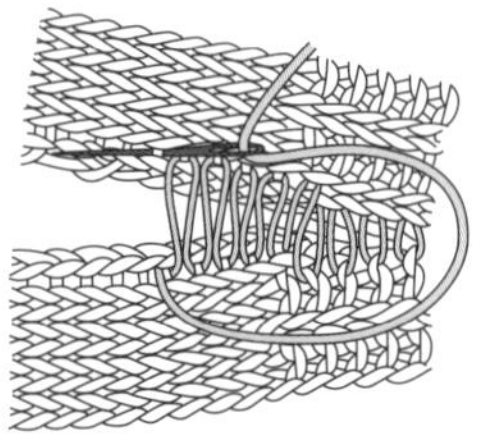

1目と2目の間の渡り糸を1段ずつ交互にすくう

## 編込み模様（糸を縦に渡す方法）

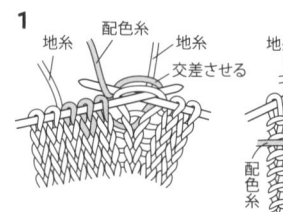

**1** 糸を替えるところにきたら、地糸と配色糸を同じ方向に交差させながら編む

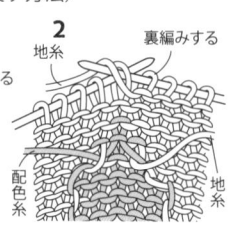

**2** 配色が変わるところで糸を縦に渡しながら編み進める

## （糸を横に渡す方法） *編み地が自然な状態になるように、糸の渡し方を一定にする

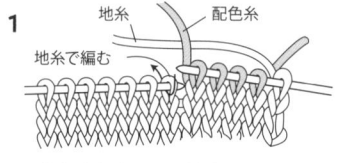

**1** 配色糸を上にして、地糸で編む

**2** 配色糸を地糸の上に渡して、配色糸で編む

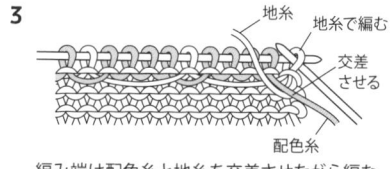

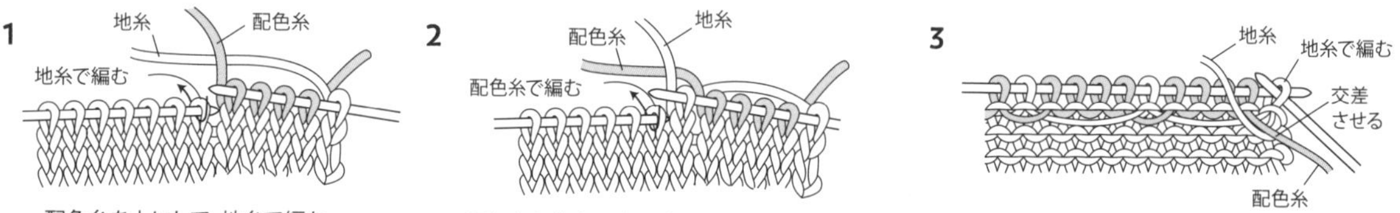

**3** 編み端は配色糸と地糸を交差させながら編む

# 引返し編み
## 2段ごとに編み残す引返し編み

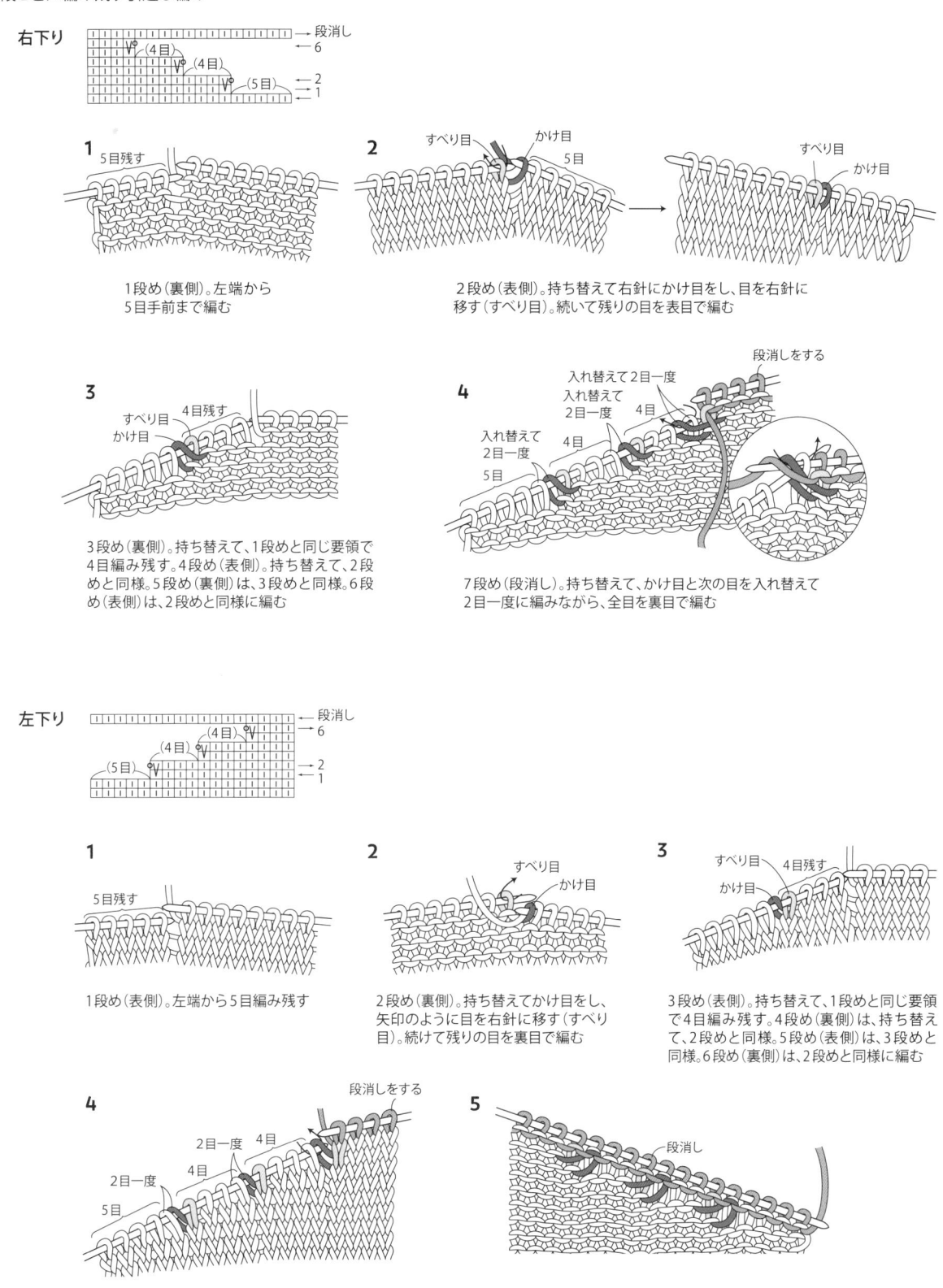

### 右下り

**1** 1段め(裏側)。左端から5目手前まで編む

**2** 2段め(表側)。持ち替えて右針にかけ目をし、目を右針に移す(すべり目)。続いて残りの目を表目で編む

**3** 3段め(裏側)。持ち替えて、1段めと同じ要領で4目編み残す。4段め(表側)。持ち替えて、2段めと同様。5段め(裏側)は、3段めと同様。6段め(表側)は、2段めと同様に編む

**4** 7段め(段消し)。持ち替えて、かけ目と次の目を入れ替えて2目一度に編みながら、全目を裏目で編む

### 左下り

**1** 1段め(表側)。左端から5目編み残す

**2** 2段め(裏側)。持ち替えてかけ目をし、矢印のように目を右針に移す(すべり目)。続いて残りの目を裏目で編む

**3** 3段め(表側)。持ち替えて、1段めと同じ要領で4目編み残す。4段め(裏側)は、持ち替えて、2段めと同様。5段め(表側)は、3段めと同様。6段め(裏側)は、2段めと同様に編む

**4** 7段め(段消し)。かけ目と次の目を2目一度に編みながら、全目を表目で編む

**5** 編終りを裏側から見たところ

## PLOFILE

**俵森朋子** ひょうもり・ともこ

イヌとの暮しをもっと快適にしたいという思いを抱いた仲間と共に、オリジナルのドッググッズブランドを立ち上げる。2001～2011年、神奈川県葉山町にて「SYUNA&BANI hayama」のオーナー兼デザイナーとして活動するかたわら、クラフト作家としても活動。2012年、新ブランド「pas à pas」を立ち上げ、鎌倉でお店をオープン。現在は、犬ごはん研究家としても活躍。著書多数。

shop：manpucu garden

ホームページ：https://www.manpucu.jp

| | |
|---|---|
| 撮影 | 南雲保夫 |
| ブックデザイン | 天野美保子、太田菜名子 |
| スタイリング | 鈴木亜希子 |
| 編み方解説、トレース | 西田千尋（fève et fève） |
| 基礎トレース | 安藤能子、中村亘（fève et fève） |
| 製作協力 | 黒田眞理子、谷口聡美 |
| 校閲 | 向井雅子 |
| 編集 | 望月いづみ |
| | 大沢洋子（文化出版局） |

《材料提供》

ダイドーフォワード パピー
東京都千代田区外神田3-1-16 ダイドーリミテッドビル3F
tel.03-3257-7135　http://www.puppyarn.com/

ハマナカ
京都本社　京都市右京区花園藪ノ下町2-3
tel.075-463-5151　http://www.hamanaka.co.jp/

ホビーラホビーレ
東京都品川区東大井5-23-27
tel.0570-037-030　https://www.hobbyra-hobbyre.com/

リッチモア（ハマナカリッチモア販売部）
京都本社　京都市右京区花園藪ノ下町2-3
tel.075-463-5151　http://richmore.jp

※この本の作品は2013年に製作していますので、現在、入手出来ない毛糸もございます。ご了承くださいませ。

愛犬のあったかウェア&小物を手編みで

# イヌのための毎日ニット

2013年11月11日　第1刷発行
2021年9月30日　第4刷発行

著　者　俵森朋子
発行者　濱田勝宏
発行所　学校法人文化学園 文化出版局
　　　　〒151-8524　東京都渋谷区代々木3-22-1
　　　　tel.03-3299-2489（編集）
　　　　tel.03-3299-2540（営業）

印刷・製本所　株式会社文化カラー印刷

©Tomoko Hyomori 2013 Printed in Japan

・本書のコピー、スキャン、デジタル化等の無断複製は著作権法上での例外を除き、禁じられています。本書を代行業者等の第三者に依頼してスキャンやデジタル化することは、たとえ個人や家庭内での利用でも著作権法違反になります。
・本書で紹介した作品の全部または一部を商品化、複製頒布、及びコンクールなどの応募作品として出品することは禁じられています。
・撮影状況や印刷により、作品の色は実物と多少異なる場合があります。ご了承ください。

文化出版局のホームページ　http://books.bunka.ac.jp/